똑똑한
소비자 되기

소비자들의 희생으로 언제까지
우리 경제가 지탱할 수 있는가

똑똑한
소비자 되기

김경진 지음

지식공감 도서출판

머리말

한국 전쟁 이후 가난한 국가였던 우리나라를 현재의 선진국 대열로 합류시킨 주역들은 대한민국 국민 모두이다. 과거 어렵고 못살던 시기 국민들은 근검절약하며 성실하게 일을 했고, 기업들은 과감한 투자를 했고, 이에 대한 모든 제도적 지원들을 정부가 하였다. 그 결과 우리는 현재의 대한민국에서 풍요로운 삶을 보내고 있다. 지금까지 성장이라는 하나의 목표만을 보고 대한민국 구성원 모두가 달려왔다. 그 결과 세계가 부러워할 만한 경제성장을 이루었지만 그 이면에는 소비자들의 많은 희생이 뒤따랐다.

경제성장이라는 지상과제를 달성하기 위해서 우리나라 법과 제도들은 대부분 소비자보다는 기업들에게 더 유리하게 재정되었다. 이러한 사회제도들이 고속 성장기에는 별 문제가 없었으나, 성장보다는 분배를, 변화보다는 안정을 추구하는 지금, 이러한 제도들은 많은 문제를 야기하고 있다. 기업들이 잘못 만든 제품을 사용하면서 발생하는 소비자 피해에 대해서, 성장일변도로 나라가 움직이던 시절에 만든 제도들 때문에 소비자들은 충분히 구제받고 있지 못하고 있다.

선진국 문턱에 진입했고 앞으로 선진국 대열에서 세계의 경제선진국과 어깨를 나란히 하기 위해서는 이제 기업보다는 소비자에게 더 유리한 제도들이 만들어져야 한다. 미국, 일본, 독일 같은 경제 선진국들은 자국의 기업보다는 소비자를 위한 제도들이 만들어졌고 시행되고 있다. 그 덕분에 해당 국가의 기업들은 까다로운 자국 기준과 소비자 입맛에 맞는 제품과 서비스를 공급해야 했다. 이 과정에서 많은 시행착오가 있었으나 결국은 기업경쟁력 강화로 이어졌고 이는 해외시장에서도 충분히 경쟁력 있는 제품과 서비스를 만들었다.

우리나라도 이제 기업들이 생산한 제품과 서비스에 대해서 기업보다는 소비자를 우선시하는 정책을 만들고 시행해야 한다. 이러한 정책들이 선진국에서 겪었던 것처럼 단기적으로는 기업들에게 부담이 되겠지만 우리나라 기업의 경쟁력을 강화하고 소비자들은 자신들의 소비를 안심하고 할 수 있게 되어서 장기적으로는 기업과 소비자에게 득이 될 것이다. 우리나라 기업들 중에 몇몇 글로벌 기업들만 제외하고 해외시장에서 경쟁력을 잃고 있다. 소비자 제일주의를 바탕으로 기업들이 경영하고 경쟁한다면 미국, 일본, 독일의 글로벌 기업 같은 경쟁력을 갖출 수 있을 것이다.

이 책은 소비자가 경제에서 왜 중요하며, 그간 경제성장을 위해 우리나라 소비자가 어떠한 희생을 했는지 기술하였다. 우리나라 소비자들은 기업들이 생산한 제품의 안정성이 확보되지 못한 상태에서 제품을 사용하면서 많은 인명 및 금전 피해를 입었다. 안전하게 자동차를 타고 싶지만 차량급발진 사고로 많은 소비자들이 피해를 입었고, 이에 대한 피해 구제가 늘 불만족스러웠다. 가습기 살균제로 인해서 수많은 산모와 아이들이 목숨을 잃고 건강을 잃어버렸지만 여전히 가습기 살균제를 만든 기업은 영업을 하고 있다. 더 건강하기 위해서 병원을 찾았지만 병원의 실수로 인해 병을 얻고 나오더라도 이를 하소연할 곳이 많지 않고, 이에 대한 보상은 더더욱 어렵다.

우리나라 법과 제도들이 소비자보다는 기업에게 유리하게 제정되어 미국, 일본, 독일의 선진기업들이 자국에서는 하지 않는 행위들을 우리나라에서 하고 있다. 왜냐하면 우리나라에서는 그렇게 해도 되기 때문이다. 미국의 소비기업들은 소비자들의 단순변심에 의해서 환불을 요구해도 군말 없이 환불을 해준다. 그러나 이러한 기업이 한국에서는 환불에 인색해진다. 독일의 자동차 기업, 일본의 자동차 기업들이 차량에 문제가 생기면 자국에서는 충분한 보상을 하지만 한국에서는 보상은커녕 오히려 소비자 잘못이라고 주장한다. 이제 우리 소비자들의 희생은 그만할 때가 되었다. 소비자들의 희생으로 언제까지 우리 경제가 지탱할 수 있겠는가?

이 책은 소비자가 겪었던 혹은 희생했던 다양한 사례를 통해서 그 사건의 경과와 그 결과를 추적하였다. 사회적으로 많은 이슈가 되었던 가습기 살균제, 자동차 급발진, 의료사고, 자동차 배출가스 속이기, 개인정보 유출, 자국에서 비싸게 파는 국내기업, 과대포장, 바가지요금, 환불 제도에 대해서 실제 뉴스에 보도된 사례를 중심으로 그 현황을 기술하였다. 국내의 현황뿐만 아니라 해외의 유사한 사례도 같이 기술하면서 해외와 국내 소비자가 어떻게 다른 대우를 받고 있는지 독자에게 알려주고 있다.

단순히 사례를 보여주는 것만으로 소비자권익이 보호되지 않는다. 이에 소비자 권리 보호 방법에 대해서 소비자가 할 수 있는 불매 운동에 대해서 다양한 사례를 중심으로 기술하였다. 불매 운동보다 더 강한 법적제재인 징벌적 보상제도에 대해서 국내의 제도와 그 문제점, 해외의 제도에 대해서 살펴보았다. 그 외에도 집단소송과 소비자 단체소송, 시민단체 활동 활성화 방안에 대해서 현재의 우리나라 제도와 해외 제도에 대해서 비교 분석하였다.

소비자 권익이 잘 보호되는 국가가 선진국이며 이러한 국가에 있는 기업들이 글로벌 기업으로 성장할 수 있다. 까다로운 입맛이 실력 있는 요리사를 만든다는 것처럼 까다로운 소비자 욕구를 충족하고 소비자의 권익을 보호할 수 있는 기업만이 경쟁이 치열해지는 글로벌 시장에서 생존할 수 있는 기업이 될 것이다. 단기적으로 소비자 권익이 기업에게는 부담이 되지만 부담이 된다고 언제까지 소비자 권익의 문제를 모른 척하거나 뒷전으로 둘 수 없다.

우리의 아이들이 어른이 될 때는 가습기 살균제 같은 가슴 아프고 분노를 일으키는 사건은 다시는 발생하지 않아야 한다. 우리의 딸, 아들, 부모, 그리고 우리들 자신이 안전하게 소비할 수 있는 세상이 되길 바라는 마음에서 이 책을 집필하였다. 이 책을 집필하는 데 있어 아내 이선아의 응원에 감사드리며, 책 집필을 중단하고 싶을 때마다 윤재의 잠든 얼굴을 보며 힘을 내었다. 원고를 보고 흔쾌히 출간을 허락해 주신 지식공감의 김재홍 대표님께 감사드리며, 편집과정에서 꼼꼼하게 편집을 해 주신 김진섭 편집자께도 감사의 말씀을 드린다.

2019. 01월

김경진

차례

소비자 보호와
경제

··· 경제가 호황이다 불황이다라고 이야기할 때 늘 언급되는 것은 기업의 경영활동이다. 기업이 더 많은 물건을 만들어서 팔면 경제가 호황이라고 하고 반대로 생산한 만큼 팔지 못하면 불황이라고 한다. 경제를 보는 이러한 시각에는 주요한 경제주체인 소비자가 빠져있다. 경제는 기업과 소비자가 동시에 상호작용하면서 성장할 수 있다. 그런 의미에서 경제가 불황일수록 소비자들의 지갑을 열게 해서 기업은 더 많은 제품을 판매해야 하고, 경제가 호황일 때에도 기업은 자만하지 않고 소비자들이 지속적으로 자신들의 고객으로 남기 위해 최선을 다해야 한다. 여기서는 우리 경제에서 소비자가 얼마나 중요한 역할을 하는지 살펴보겠다.

소비자 보호와 경제

경제주체는 가계, 기업, 정부, 외국 이렇게 4가지로 나누어진다. 이 4가지의 각 주체가 상호작용을 하면서 경제시스템이 작동한다. 가계는 일반 가정이라고 생각하면 쉽게 이해할 수 있다. 가계는 소비의 주체이면서 기업들에게 노동을 제공한다. 기업은 생산의 주체이면서 생산의 대가로 가계에 임금을 지불한다. 정부는 가계와 기업으로부터 세금을 징수하여 기업에서 제공하지 않는 제품 즉 공공재를 기업과 가계에 제공한다. 공공재는 넓게는 사회, 법 시스템뿐만 아니라 수도, 도로, 항만, 철도 같은 사회 인프라까지 의미한다. 외국은 소비자도 될 수 있고 생산자도 될 수 있다. 국내에서 외국으로부터 수입할 경우 외국은 생산자가 되며 외국이 국내로부터 수입할 경우 외국은 소비자가 된다.

국민경제 흐름도

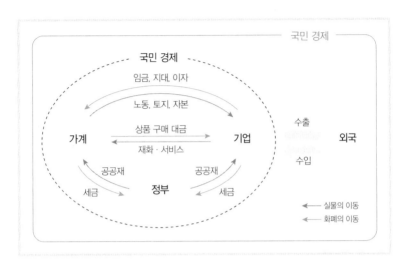

그러나 위의 국민경제 흐름도에서 보면 외국도 소비주체가 될 수 있지만 우리나라 경제에서 주로 소비를 하는 주체는 가계이다. 가계 는 가계에서 발생한 근로소득, 임대소득, 이자소득 같은 소득을 재원 으로 소비한다. 예를 들어 4인 가족이 있다고 가정하자. 아버지, 어머 니, 고2 딸, 중3 아들이 있는 가정이다. 아버지는 치킨집을 하시고 어 머니는 삼성전자에서 근무한다. 두 자녀는 미성년자이기 때문에 돈 을 벌지 않는다. 이 경우 이 집의 가계소득은 아버지가 사업해서 얻 는 사업소득과 어머니가 급여를 받는 근로소득이 있다. 이 소득을 재원으로 이 4인 가족은 그들이 필요로 하는 각종 소비를 한다. 소비의 양은 대체로 그 가계의 소득의 크기와 비례한다고 할 수 있다.

1인당 실질소비 지출액

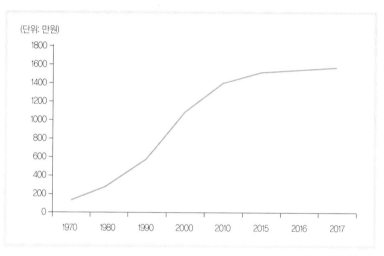

(출처 : 한국은행)

우리나라 경제는 지속적으로 성장했고 그에 따라 가계 소득의 크기도 지속적으로 증가했다. 1970년 1인당 소비 지출액은 2017년 돈의 가치를 기준으로 했을 경우 약 130만원이다. 즉 48년 전에는 1인당 약 130만원을 1년간 소비에 지출했다. 소득이 증가하면서 2017년의 1인당 소비 지출액은 약 1,572만원으로 증가하였다. 48년 동안 우리나라 1인당 소비지출액은 약 12.1배 증가하였다. 같은 기간 우리나라 인구는 1970년에 약 3,200만명이었으며 2017년에는 약 5,100백만명으로 약 60% 증가하였다.

인구가 증가하고 1인당 소비액이 증가하면서 국가 전체적으로 가계의 소비는 급격히 증가하였다. 그 결과 1970년의 총가계 지출액은 42조원이었으며 2017년에는 809조원으로 급격히 증가하였다.

총 가계소비

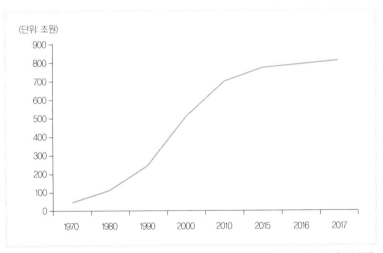

(출처 : 한국은행, 통계청)

가계는 소득을 교통, 음식, 주거, 교육, 의료, 문화 등 다양한 곳에 사용한다. 2003년과 2017년의 가계소비 지출내역을 비교했을 경우 2003년 대비 2017년은 교통, 주거, 보건, 문화, 가전제품에 대한 소비지출 비중이 증가했다. 음식, 교육, 통신비가 가계 전체에서 차지하는 비중이 감소하였다. 가계 즉 소비자는 자신들의 소득을 바탕으로 기본적으로 의·식·주에 대한 지출을 할 뿐만 아니라 문화생활, 의료에 대한 지출 등 다양한 방면에서 소비활동을 하고 있다.

소비내역 변화

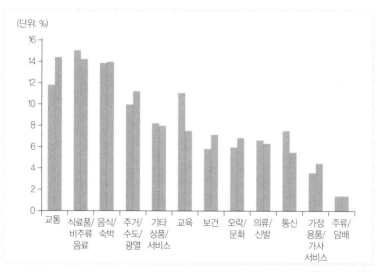

(출처 : 통계청)

2017년 우리나라 1인당 GDP는 $36,728로 여전히 OECD 평균인 $42,326보다는 낮지만 일반적으로 경제 선진국이라고 불리는 $30,000를 넘었다. 지금의 GDP는 1970년의 1인당 GDP 대비 약 60배 성장하였다. 이렇게 증가한 1인당 국민소득과 증가한 인구로 인해서 우리나라는 생산뿐만 아니라 소비가 중요한 국가가 되었고 문재인 정부는 소비를 통해서 경제성장을 하는 소득주도형 경제정책을 표방하고 있다.

주요국 1인당 GDP 변화

(단위: $/인)

년도	1970	2017
한국	616	36,728
일본	3,258	43,645
영국	3,850	41,606
프랑스	3,763	42,023
스웨덴	4,835	49,410
독일	4,091	49,770
미국	5,251	58,656

(출처 : OECD)

경제가 성장하기 위해서는 소비와 생산이 균형을 이루어야 한다. 생산한 물량보다 소비가 많을 경우 우리는 경제호황이라고 부르고 반대로 생산한 물량이 소비보다 많을 때는 경제불황이라고 한다. 소비는 경제의 호황과 불황을 결정하는 중요한 변수이다. 역사적으로 볼 때도 산업혁명 시기에는 생산된 제품보다 더 많은 소비가 일어나서 영국 등 선진국은 높은 경제성장을 경험하였다. 그러나 1929년의 미국에서 시작된 경제대공황은 충분한 생산능력이 있으나 소비가 이를 흡수하지 못해서 발생하였다.

소비가 이처럼 우리 경제에서 중요한 역할을 하고 있으나 소비의 주체인 소비자는 경제에서 차지하는 중요성에 비해서 그에 대한 합당한 대우를 받지 못하는 것이 현실이다. 우리나라 소비자들은 매일 약 2.2조원을 소비한다. 그 2.2조원의 소비는 만족스러운 소비도 있지만 불만족스러운 소비도 있다. 우리나라 소비자들은 제품에 하자가 있거나 불만족스러운 서비스가 발생한다 할지라도 대부분 참고 그 제품과 서비스를 사용하며 더 이상 참지 못할 수준의 불만족스러운 소비가 발생하면 소비자 보호원 같은 곳에 신고한다.

소비자들의 불만이 소비자 보호원을 통해서 통계로 작성되지만 하루 2.2조원의 소비에서 발생하는 모든 불만 사항을 접수해서 통계로 작성하지는 못한다. 이러한 이유로 연간 약 809조원의 소비가 일어나지만 소비자불만에 대한 만족스러울 만한 통계가 없는 것이 현실이다. 과거 선진국들이 100년 이상의 기간 동안 경험한 산업혁명을 우리나라는 1970년대와 1980년대의 20년 동안 경험하면서 그 부작용을 해결할 시간이 부족하였다. 대표적으로 선진국에서는 산업혁명 초기에 정부의 자유방임으로 인해서 어린이들이 하루에 12시간 이상씩 노동을 하였고 이러한 현상이 지속되면서 사회문제화되었다. 이러한 문제를 해결하기 위해서 어린이들의 노동을 제한하고 이들의 보호를 정부가 적극적으로 나서서 하게 되었다. 이뿐만 아니라 산업혁명으로부터 기인한 환경오염이 심각한 수준에 이르렀고 정부가 적극적으로 개입하면서 환경규제가 엄격해졌다.

우리나라는 신흥경제국으로 선진국 수준의 경제를 빠른 시간에 달성하기 위해서 이러한 사회적 부작용에 귀를 기울이기보다 경주마처럼 앞만 보고 경제성장이라는 목표를 향해서 달렸다. 그로 인해서 많은 사회제도들이 기업에게 유리하게 만들어졌다. 소비자에게 유리한 사회제도들도 있지만 사실상 유명무실한 경우도 많다. 1인당 GDP가 $30,000 이상이 되면서 우리나라도 이제 경제 선진국이라고 할 수 있는 수준이 되었다. 앞으로는 양적인 성장뿐만 아니라 질적인 성장이 필요하다. 이제 우리나라도 단순히 경제의 양보다는 경제의 질을 추구할 때이다.

이러한 상황에서 우리나라 소비자들은 그간 경제에 많은 기여를 했으나 그에 대한 합당한 대우를 받지 못했다. 그 결과 우리나라 소비자들은 자신들의 소득을 소비하면서도 마음 편하게 소비할 수 없는 경우가 종종 발생했다. 제품이나 서비스로 인해서 발생하는 불만족에 대해서 충분한 보상을 받지 못하는 경우가 많았으며 더욱 심한 것은 그러한 불만족들이 해결되지 않고 계속 발생했다는 것이다. 삼성, LG, 현대차의 기술이 세계적인 수준이고 그들이 만든 제품은 전 세계 소비자들이 애용하는 제품이 되었음에도 불구하고 아직까지 우리나라 소비자들은 삼성, LG, 현대차의 제품에 대해서 완벽하게 신뢰하지 않는 경향이 있다. 이러한 현상 뒤에는 여전히 우리 사회의 제도들이 소비자의 권익 보호보다는 생산자의 권익을 보호하는 데 치중하였기 때문이라고 생각한다. 사회 제도들이 소비자의 권익을 보호하는 방향으로 점차 개선되고 있지만 선진국들의 사회제도에 비해서는 그 개선 정도가 충분하다고 말하기는 어렵다.

여전히 우리나라에서 차량급발진 사고가 일어나지만 자동차 제조사의 책임은 없다. 가습기 살균제를 사용하여 수많은 어린이와 가정주부가 피해를 입었지만 그에 대한 적절한 보상이 되었는지는 의문스럽다. 병원에 병을 치료하러 갔다가 오히려 더 큰 병을 얻어도 하소연할 만한 데가 마땅치 않다. 미국에서는 착한 생산자들이 한국에 오면 소비자를 무시하는 생산자로 변하는 경우도 자주 목격해왔다. 우리나라 소비자들은 그들이 피땀 흘려 번 돈을 소비하는데 그만한 대우를 받지 못하는 것 같다. 반대로 우리나라 기업들은 선진국의 기업들에 비해서 너무 쉽게 소비자의 주머니를 열게 하는 것 같다.

우리나라가 진정한 선진국이 되려면 소비자의 권익이 지금보다 더 보호되어야 한다. 소비자의 권익이 보호될수록 우리나라 기업의 경쟁력도 향상될 것이다. 소비자들이 더욱 까다롭고 높은 수준의 제품과 서비스를 원하고 이를 만족시키지 못하는 기업은 생존할 수 없는 환경이 된다면 기업들은 소비자의 눈높이에 맞춰 제품과 서비스를 공급할 것이다. 우리나라 소비자들의 눈높이가 선진국 소비자들의 눈높이보다 높다면 우리나라 기업들의 경쟁력은 선진국 기업들의 경쟁력보다 더 높아질 것이다. 결과적으로 소비자 권익 보호는 기업의 경쟁력을 향상시켜 국가 경제에 이로운 결과를 가져올 것이다.

본서에서는 사회적으로 큰 이슈가 된 소비자 피해 사례를 재조명하고 소비자들이 어떻게 구제받았는지 살펴보겠다. 이와 더불어 선진국에서는 유사한 소비자 피해사례가 발생했을 때 소비자가 어떠한 보상을 받고 해당 기업에게 어떤 제재가 있었는지 알아보겠다. 뿐만 아니라 선진국수준으로 피해자 권익 보호를 하기 위해서 어떤 것들이 필요한지 살펴보겠다.

PART 1. 소비자 보호와 경제

PART 2

소비자
피해사례

••• 최근 몇 년 동안 소비자 피해가 발생해서 크고 작은 사회 이슈가 되었다. 모든 국민이 알고 있는 가습기 살균제 사건을 비롯해서 차량급발진 사고, 폭스바겐의 배기가스 조작사고, 질소과자, 여름 휴가철만 되면 반복되는 관광지 바가지 등 많은 소비자 피해 사례가 있었다. 이러한 피해 사례는 단순히 한 번으로 그치지 않았고 유사한 소비자 피해가 지금도 반복되고 있다. 2부에서는 대표적인 소비자 피해 사례의 발생 및 경과, 그 원인에 대해서 살펴보고 나아가 해외의 유사한 사례도 살펴보겠다. 이를 통해 우리나라 소비자들이 해외 선진국의 소비자와 비교해서 소비자 권리를 얼마나 누리는지 알아보겠다.

눈물이 멈추지 않아요!!!

우리나라는 1994년부터 가습기와 가습기 살균제를 사용하였다. 가습기 살균제는 처음 시판된 이후 아무런 규제 없이 팔렸다. 2000년대 초부터 가습기 살균제의 소비가 증가했고 산모들과 영유아들이 원인을 알 수 없는 호흡기 질환에 시달렸다. 이러한 문제가 지속적으로 발생하자 보건복지부에서 가습기 살균제의 유해성에 대해서 조사하였고 인체에 유해하다고 판단되어 2011년 11월 11일 시중에 있는 6개 사의 가습기 살균제에 대해서 수거명령을 내렸다.

인체에 치명적인 손상을 줄 수 있는 가습기 살균제가 1994년부터 2011년까지 18년 동안 아무런 규제 없이 시장에서 팔렸다. 이 제품에 대한 주요 소비층은 건강에 염려가 많은 산모와 영유아였다. 그 결과 가습기로 인해서 피해를 보았다는 피해자는 총 5,615명이며 이 중 1,195명이 사망하였다. 다음 표는 검찰에 고발된 가습기 살균제 주요 판매사이다. 이중 옥시제품에 대한 희생자가 가장 많았다.

가습기 살균제 주요 판매사 검찰고발 현황

번호	제품종류	사망자	생존환자	계
1	옥시	100	303	403
2	애경	27	101	128
3	롯데쇼핑	22	39	61
4	홈플러스	15	40	55
5	세퓨	14	27	41
6	신세계이마트	10	29	39

(출처 : 환경보건 시민센터, 가습기 살균제 피해자와 가족모임)

2012년 피해자 9명은 홈플러스, 롯데마트, 옥시레킷벤키저 등 살균제를 생산, 판매한 10개 업체를 과실치사로 고소했다. 이미 이때 사망자의 수가 52명으로 파악됐다. 가습기 살균제에서 문제가 되는 물질은 PHMG(폴리헥사메틸렌구아니딘)와 PGH(염화올리고에톡시에틸구아니딘)이다. 이 두 물질이 가습기를 통해 공기 중으로 날아가서 사람이 호흡할 때 몸 속으로 들어가 폐에서 문제를 일으킨다. 2013년에 검찰에서 수사하려고 하였으나 질병관리본부의 조사결과가 나온 후에 수사하기로 하여 수사가 중단되었다. 2015년에는 정부에서 피해자들에 대한 의료비 및 장례비에 대한 지원을 신청받았다. 2016년에 피해접수 신청이 마감되었고 여전히 많은 피해자가 발견되고 있지만 정부는 피해접수 신청을 재개하지 않았다. 게다가 2016년에는 검찰 수사 중에 서울대와 호서대의 교수들이 옥시의 연구용역을 맡았고 옥시제품이 무해하다고 연구결과를 조작했다는 의혹이 생겼으며 검찰은 두 교수에 대해서 기소를 하였고 그들은 유죄판결을 받았다.

가습기 살균제 문제가 불거지자 2011년 12월 옥시레킷벤키저가 기존 법인을 해산하고 유한회사를 새롭게 설립했다. 기존법인을 해산한 이유는 최종적으로 옥시가 유죄로 판결되면 이에 대한 책임을 법인도 져야 하는데 기존 법인이 해산되어서 없어지면 판결을 통해서 법인이 유죄를 받더라도 그 죗값을 받을 법인이 사라졌으므로 처벌을 피할 수 있을 가능성이 있어서 기존법인을 해산했을 것으로 추정한다. 자사 제품을 통해서 많은 희생자를 만든 것에 대해 반성은커녕 자신들의 잘못으로 발생한 처벌을 피하는 방법을 찾기에 급급하였다.

2016년 4월 21일 검찰수사의 압박과 여론의 악화로 인해 옥시는 피해자에게 다음과 같은 사과문을 발표하였다.

"옥시레킷벤키저는 가습기 살균제 사안과 관련하여 좀 더 일찍 소통하지 못하여 피해자 여러분과 그 가족분들께 실망과 고통을 안겨 드리게 된 점에 대해 진심 어린 사과의 말씀을 드립니다. 2013년 국회 국정감사에서 깊은 위로의 말씀을 드렸고, 그간 매우 어렵고 복잡한 사안의 진상을 파악하고 동시에 고통받고 계신 모든 분들을 위한 해결 방법을 찾고자 노력해왔습니다. 저희는 오랫동안 제품의 안전 관리 수칙을 준수해 온 바 이와 같은 상황에 직면한 적이 없었습니다. 그러기에 본 건과 관련한 사회적 책임에 대해 깊이 통감하고 있으며, 피해자분들께서 원하시는 부분을 잘 이해하고 경청하여 함께 해결하고자 노력했습니다. 그럼에도 불구하고, 피해자분들의 고통과 아픔을 대신할 수 없다는 점을 통감하고 있으며, 가능한 빠른 시일 내에 본 사태를 해결하는 것이 저희가 할 의무라는 것을 잘 알고 있습니다. 그러하기에 저희들은 법원 절차에 성실하게 임하였고, 상당 부분의 사안들이 법원 조정 절차를 통하여 합의에 이르러 종결되었음을 말씀드립니다. 고통을 받으시는 분들에게는 적절하고 신속한 해결 방안이 됐으면 하는 마음입니다. 또한 2014년에 환경부 및 환경보전협회(KEPA)와의 협의를 통해 조건 없이 50억원의 인도적 기금을 기탁하였습니다만, 이번에 위 기금에 추가로 50억원을 더 출연하고자 합니다. 동시에 저희는 다른 기업들도 이번 사건의 해결을 위해 노력하기 시작한 것을 잘 인식하고 긍정적으로 받아들입니다. 저희들도 계속하여 모든 조사에 성실하게 임하고 협조하며, 가습기 살균제 관련 환자분들과 가족분들을 지원하기 위한 모든 논의와 대화에 적극적으로 참여하겠습니다. 최근 가습기 살균제 사건 수사와 관련하여 제기된 여러 의혹에 대해 저희는 이를 매우 심각하게 생각하고 있으며, 저희의 회사 정책상 이러한 의혹 관련 행위들은 결코 용납되지 않는다는 점을 말씀드리고자 합니다. 따라서 현재 진행 중인 모든 수사에 계속하여 최대한 협조하겠습니다. 이번 사태로 고통받고 계시는 분들께 다시 한 번 위로의 말씀을 간곡히 드립니다. 저희는 앞으로 지속적인 사건 해결 노력을 통해 소비자들의 신뢰를 다시 얻을 수 있도록 최선을 다할 것임을 약속드립니다."

-옥시레킷벤키저 사측 입장

그러나 이 사과는 옥시가 직접 한 것이 아니라 홍보대행사를 통해서 했고 검찰의 수사가 진행되는 동안 옥시의 직원 100여 명이 태국으로 포상휴가를 다녀왔다. 이에 피해자들은 옥시의 사과가 진정성이 없고 자신들의 책임을 회피하기 위한 변명이기 때문에 옥시의 사과를 받을 수 없다고 했다. 그 이후 더욱 더 여론이 악화되자 2016년 5월 2일 옥시의 한국법인 대표인 아타 울라시트 샤프달이 사과를 위한 기자회견을 하였다. 그러나 이러한 사과는 이전보다 진전된 것이 없었다. 피해자들은 옥시 본사의 CEO가 한국을 방문해서 피해자들에게 직접 사과할 것을 요구했으나 옥시 영국 본사의 CEO는 한국

방문을 거절하였다. 게다가 검찰 수사를 하기 위해서는 이전 옥시의 외국인 한국대표인 제인의 조사가 필요했으나 제인은 한국방문을 거절하여 수사할 수가 없었다. 옥시는 철저하게 영국 본사와 한국법인과의 관계를 부정했고 한국에서 일어난 사건이라고 선을 그었다. 결국 옥시의 전 대표인 신현우 대표만 검찰조사를 받았고 신 대표도 피해자들에게 사과를 하였지만 "내 연기 어땠어요"라는 의혹으로 그 사과의 진정성이 심각하게 의심받았다.

2016년 4월 18일 롯데마트도 사과를 하였고 피해보상을 하겠다고 발표하였다. 그러나 나중에 민사재판에서 피해보상규모에 대해서 이의를 제기하여 그 진정성에 의심을 받았다. 홈플러스는 롯데마트의 사과 이후에 자신들도 피해자들에게 사과하고 보상을 하겠다고 하였다. 그러나 이들의 사과는 한국의 대부분의 기업들이 그래왔듯이 여론의 악화와 정부의 압박에 의한 사과일 가능성이 높다. 왜냐하면 여전히 피해자들은 이들의 사과가 진정성이 있다고 생각하지 않기 때문이다.

… 피해보상

검찰은 옥시의 신현우 전 대표에게 20년을 구형했지만 법원은 징역 7년을 선고했다. 세퓨의 전 대표에게는 징역 7년을 선고했고 홈플러스 본부장에게는 징역 5년, 롯데마트 본부장에게는 금고 4년을 선고했다. 가장 책임이 크다고 볼 수 있는 옥시의 존 리 전 대표에게는 증거가 불충분하여 무죄를 선고하였다. 그러나 최종적으로 대법원에서 신현우 전 대표는 징역 6년으로 감형되었다.

옥시는 100명의 사망자를 발생시킨 제품을 생산, 판매하고도 고작 1억5천만원의 벌금을 부과받았다. 옥시는 성인 피해자에게는 최대 3억5천만원에서 5억 5천만원의 위자료를 지급하고 사망이나 중상에 이른 영유아 어린이에게는 총 10억원을 주는 배상안을 공개하였다. 롯데마트와 홈플러스가 얼마의 배상을 할지는 알려지지 않았으며 롯데마트는 배상신청을 한 48명에 대해서 모두 배상을 완료했다. 이 사건이 온 국민의 마음을 아프게 한 것은 대다수의 피해자가 영유아와

어린이들이고 이들의 폐가 영구 손상되어서 산소호흡기 없이는 앞으로 살아갈 수가 없기 때문이다. 그들에게 수억원의 보상이 어떤 의미가 있는지 전혀 모르겠다. 앞으로 이 아이들의 인생은 누가 책임져야 하는가? 그리고 이렇게 만든 이들에 대한 처벌이 너무 약하지 않은가? 이렇게 약한 처벌로 인해 이와 유사한 사례가 다시 발생하지 말라는 법이 있는가?

··· 정부의 책임은 없나?

가습기 살균제는 전 세계에서 유일하게 우리나라에만 있는 제품이다. 1994년부터 가습기 살균제가 사용되어 왔으나 2011년까지 17년간 이에 대한 유해성에 대해서 정보는 아무런 이슈를 제기하지 않았다. 국민의 생명과 재산을 보호해야 할 정부가 이러한 화학물질에 대해서 유해성 검사를 하지 않고 승인해 준 것이다. 정부의 일련의 절차는 화학물질에 대한 관련 법규를 준수했다. 그러나 법규 준수의 문제가 아니라 문제가 될 만한 소지가 있음에도 불구하고 정부는 이에 대한 조치를 취하지 않았다.

가습기 살균제 피해자들은 정부를 상대로 소송을 제기했다. 2015년 1월 29일 법원은 국가가 가습기 살균제를 유해물질로 지정하여 관리하지 않은 것에 대한 책임이 없다고 판결하였다. 특히, 2003년 PGH에 대해서 정해진 법규대로 유해성 심사를 했다고 전했다. 그러나 강원대학교의 박태현 교수에 따르면 2003년 PGH 유해성 심사를 할 때 흡입에 대한 독성판단을 하지 않았다고 한다. 만약 흡입에 대한 독성판단을 했다면 가습기 살균제는 유해물질로 지정되어 이 같은 대규모의 가슴 아픈 참사가 발생하지 않았을 것이라고 한다. 그리고 어떤 제품이 과거와 다른 용도로 사용될 경우 그 유해성 심사제도가 있어야 하는데 우리나라는 그러한 제도가 없다. 그러므로 이러한 제도를 만들지 않은 정부는 국민을 보호해야 할 의무를 태만했다고 볼 수 있다.

우리나라에 있는 모든 법은 입법부에서 발의하는 것으로 알 수도 있지만 실제 제정되는 상당수의 법은 행정부에서 발의되고 입법부에서 승인해서 법으로 효력이 발생한다. 정부는 그동안 국민의 안전을 위해서 필요한 법을 발의할 수 있었음에도 불구하고 이

를 하지 않은 것이다. 단지 기존의 법을 준수했다고 가습기 살균제 참사에 있어서 정부의 책임이 없는 것이 아니다. 정부는 세금으로 가습기 살균제 피해자들에게 치료비나 장례비를 보상하고 있지만 이는 그들에게 턱없이 부족한 보상이다. 이러한 관점에서 보자면 문제가 생겼을 때 과연 우리나라 정부는 우리나라 국민을 보호하기 위해 존재하는지 의문이 생긴다.

… 옥시가 원래 부도덕한 기업인가?

옥시의 영국 본사 레킷벤키저는 사회책임경영 3관왕을 달성한 기업이다. 세계경제포럼에서 선정한 '지속가능경영 100대 기업'에도 포함된 기업이다. 옥시의 영국 본사는 2001년 이후 사용제한 물질리스트 관리를 통해서 소비자 안전을 최우선으로 하고 자사제품에 대한 투명한 정보를 제공해왔다. 이처럼 레킷벤키저는 영국에서 그 누구보다 기업의 사회적 책임을 다하고 이를 신념으로 삼고 경영해온 기업이다.

레킷벤키저는 자국인 영국의 경영방침과 해외법인의 경영방침을 달리했다. 자국에서는 등록되지 않은 화학물질사용을 엄격히 금지하였고 2020년까지 자사제품의 원자재 성분을 100% 공개하는 것을 선언하였다. 그리고 EU지역에서는 자사의 재무적 정보뿐만 아니라 비재

무적 정보까지 공개하였다. 그러나 우리나라에서 옥시는 아직 화학 물질 처리에 대한 제도가 미흡한 국내법을 따랐고 원자재 성분에 대한 공개는 우리나라와 개발도상국은 예외로 하였다. 유한회사로 전환하면서 한국법인에 대한 정보 공개를 최소화하였다.

옥시의 영국 본사인 레킷벤키저는 영국이나 EU에서는 존경받는 기업일지라도 한국에서는 사회적 책임을 외면하고 오히려 독성 물질을 제조·판매하여 많은 소비자들의 안전을 위협했다. 이는 소비자 안전에 대한 영국과 EU의 규제가 강해서 그러한 규제를 준수한 것이고, 한국에서는 그럴 필요가 없기 때문이다. 다국적 기업인 레킷벤키저 입장에서 본다면 한국은 기업하기 정말 편한 나라이다. 많은 법규가 소비자 중심이 아닌 기업 중심으로 만들어져 있기 때문이다. 기업은 기본적으로 이윤을 추구하는 집단이다. 즉, 이기심으로 똘똘 뭉쳐진 집단이기 때문에 정부에서는 이러한 기업들이 자신들의 이윤뿐만 아니라 사회적 책임까지 다할 수 있도록 여러 제도적 장치를 만들어야 한다. 우리나라는 경제성장에 혈안이 되어서 지금까지 소비자보다는 기업에게 유리한 제도를 만들고 시행해왔다. 그 결과 옥시 같은 괴물을 대한민국 정부가 만들었다. 정부는 이에 대해서 책임을 져야 한다.

옥시와 유사한 사례가 미국에서 발생했다. 미국의 대표적인 다국적 기업인 존슨앤존슨가 만든 제품을 사용한 여성이 난소암에 걸린 사건이 발생했다. 이 여성은 존슨앤존슨을 상대로 소송을 했고 미국 법원은 이 여성의 손을 들어주었다. 존슨앤존슨은 피해여성에게 약 627억원을 배상해야 했다. 미국은 인체유해물질에 대해서 엄격한 기준을 갖고 자국 내 국민을 보호하였다. 기업에서 만든 제품으로 소비자들의 안전에 치명적인 해가 발생할 경우 미국은 소비자에게 충분한 보상을 할 뿐만 아니라 다시는 이런 일이 발생하지 않도록 기업들에게 충분한 경고를 주었다.

만약 가습기 살균제 같은 사건이 미국에서 발생했다면 피해자들은 우리나라에서처럼 힘들게 법정싸움을 하지도 않았을 것이다. 그리고 이에 대한 천문학적인 국가배상과 기업배상이 있었을 것이다. 금전적인 배상이 피해자들의 건강을 다시 회복하지는 못할지라도 그들에게 해 줄 수 있는 최소한의 배려는 됐을 것이다. 게다가, 관련 기업들에게 천문학적인 벌금을 부과하여 다시는 이런 일이 발생하지 않도록 사회 전체에 경종을 울리고 관련 제도를 정비하였을 것이다. 우리나라도 관련 제도에 대한 정비가 있으나 아직은 소비자들을 보호하기에는 충분하다고 볼 수 없다.

깨끗한 공기를 마시고 싶어!!!

2007년 폭스바겐의 최고경영자인 마틴 빈터콘은 10년 내로 세계최대의 자동차 회사가 된다는 목표를 갖고 있었다. 그는 친환경 하이브리드 엔진 대신 디젤엔진을 업그레이드하여 환경규제를 충족하며 목표를 달성하려고 하였다. 미국의 기술담당자들은 새로운 기술을 개발하는 대신 소프트웨어를 조작하여 미국의 자동차 배출가스 기준을 충족하였다.

2015년 9월 품질의 대명사인 독일의 최대 자동차 회사인 폭스바겐이 미국에서 배출가스를 조작한 것이 세상에 알려졌다. 미국 정부는 배출가스 조작으로 문제가 된 폭스바겐 차량 48만2천대에 1대당 3만 7,500달러의 벌금을 부과할 수 있다고 하였다. 폭스바겐은 모든 것이 사실로 밝혀질 경우 미국에서만 최소 약 21조원의 벌금을 지불해야 하는 위기에 처했다.

배출가스 조작한 소프트웨어 장착차량

폭스바겐	아우디	포르셰
2009-2015년형 제타	2010-2015년형 A3	2015년형 카이엔
2009-2014년현 제타 스포트왜건	2016년형 A6 콰트로	
2012-2015년형 비틀	2016년형 A7 콰트로	
2012-2015년형 비틀 컨버터블	2016년형 A8, A8L	
2010-2015년형 골프	2016년형 Q5	
2015년형 골프스포트왜건		
2012-2015년형 파사트		
2014년형 투아렉		

〈출처 : 미국환경보호청(EPA)〉

이 사건은 국제청정교통위원회(ICCT)가 미국에서 판매되고 있는 폭스바겐 차량을 모범사례로 정밀분석하는 과정에서 세상에 알려졌다.

ICCT는 2014년 미국의 웨스트버지니아 공대에 디첼차량에서 배출하는 배기가스 제어기술이 차량성능에 영향을 주지 않는다는 것을 증명해 달라고 하였다. 보통 이러한 연구는 실험실 내에서 차량을 주행시켜서 그 결과를 확인하지만 웨스트버지니아 공대는 실제 도로주행을 통해 결과를 확인하기로 하였다. 실험결과는 충격적이었다. 실험실에서 주행할 때보다 실제 도로에서 주행할 때 배기가스가 월등히 높게 배출되었다. 실제 주행했을 때 기준치의 40배가 넘는 이산화질소가 배출되었다. 연구진들은 자신들의 실험이 잘못된 것으로 생각하여 반복적으로 실험했으나 결과는 변하지 않았다. 이 내용이 미국 환경보호청(EPA)에 전달되었고 세상에 알려지게 되었다. 폭스바겐은 즉각 사과성명을 발표하였다.

2015년 11월 폭스바겐은 문제가 된 자사의 차량을 소유한 미국과 캐나다의 고객들에게 3년간 무상수리, 1인당 약 116만원의 상품권을 지급하겠다고 발표하였고 새 차로 바꿀 경우에는 약 232만원을 보상해 줄 것을 약속하였다. 그러나 소비자들의 반응은 싸늘했다. 2016년 1월 5일 미국 법무부는 폭스바겐을 대상으로 약 107조원 규모의 민사소송을 제기하였다. 이 소송이 제기된 후 마티아스 뮐러 최고경영자는 미국을 방문해 사과하였다. 폭스바겐은 미국의 소비자, 정부와 합의하려 하였으나 합의가 뜻대로 진행되지 않았다. 2016년 4월 20일 폭스바겐은 피해를 본 미국 소비자에게 1인당 약 566만원을 배상하기로 미국 법무부와 합의하였다. 최종적으로 폭스바겐은 소비자보상과 벌금을 합쳐 총 17조7,000억원을 배상하기로 미국정부와 합의하였다.

추가로 캐나다에서는 소비자들과 최종적으로 약 2조4,000억원의 보상에 합의하였다. 이로써 폭스바겐은 자신들의 잘못을 인정하고 미국과 캐나다의 고객과 정부와의 보상합의를 끝냈다.

그러나 국내에서 보여준 폭스바겐의 행동은 미국의 그것과 매우 비교되었다. 미국에서 사과와 보상에 대한 성명을 낼 때 한국에서는 그 어떤 조치도 없었다. 한국에서 배기가스 조작으로 판매된 차량은 약 12만대였다. 우리나라에는 1개 차종에 과징금을 부과할 수 있는 규모가 최대 10억원이었다. 그래서 환경부는 폭스바겐에 141억원의 과징금만을 부과할 수밖에 없었다. 이 과징금은 마틴 빈터콘 폭스바겐 회장이 받은 퇴직금 380억의 절반도 안되는 금액이었다. 게다가, 배기가스 조작이 밝혀지고 1년 4개월이 지나 한국에서 리콜이 시작되었다. 국내 소비자에 대한 보상은 차량 1대당 100만원 상당의 쿠폰만 제공했다. 규모로 환산하면 소비자 보상으로 약 1,260억원이다. 미국과 캐나다에서는 엄청나게 많은 벌금과 소비자 배상을 하였으나 한국에서는 그 배상규모가 턱없이 적었다.

이 사건 이후로 자동차 안전기준위반에 대한 과징금을 매출액의 1/1000에 10억원의 한도에서 1/100의 100억원의 한도로 상향하여 관련법을 개정하였다. 소비자를 위하는 긍정적인 방향으로 법률은 개정하였지만 아직도 기업이 잘못했을 경우 부담해야 하는 처벌이 낮아서 여전히 우리나라 소비자는 기업이 잘못했을 경우 정당한 보상을 받기는 불충분해 보인다.

자동차 타기가 무서워요!!!

 과거에는 돈 있는 사람들만 자가용을 소유했으나 지금은 많은 국민들이 자가용을 소유하고 있다. 국토교통부에 따르면 2017년 등록된 차량은 총 2,253만대로 자동차 1대당 인구수는 2.3명이다. 2017년 말 기준 우리나라 가구당 평균 가족 수는 2.54명이다. 이는 1가구당 최소 1대의 차량을 보유한다는 의미이다. 자가용은 더 이상 일부 계층에서 사용하는 고급 소비재가 아니라 대한민국 국민이라면 누구나가 사용하는 생활소비재가 되었다.

 자동차는 우리가 빈번하게 소비하는 제품 중에 단일 제품으로 가장 비싼 소비재 중의 하나이기 때문에 자동차를 구입할 때 일반 소비자들은 매우 많은 고민을 한다. 특히 어린 자녀가 있는 가정은 자동차의 안전성에 대해서 많은 걱정이 있다. 특히, 잊어버릴 만하면 접하는 자동차사고 뉴스는 급발진 사건이다. 급발진 사건은 예상치 못한 상황에서 발생하기 때문에 당황해서 큰 사고로 이어지는 경우가 많다. 그리고 그 사고에 대해서 누구도 책임지지 않기 때문에 급발진 관련 피해자들이 그 피해를 고스란히 떠안는다.

2016년 8월 2일 부산 감만동에서 급발진 사고가 발생했다. 블랙박스 영상에서는 운전자인 한 씨가 타고 있는데 차가 운전자의 뜻대로 움직이지 않아 당황한 목소리가 그대로 전달되었다. 한씨가 운전한 산타페는 주차해 놓은 트레일러를 들이받고 멈췄다. 이 사고로 운전자 한 씨(당시 64세)는 중상을 입고 그의 아내와 딸, 3살짜리 외손자와 생후 2개월 된 외손자까지 4명이 숨지는 안타까운 사고가 발생했다. 운전자 한 씨는 오랫동안 택시운전사로 일했기 때문에 이 사고를 그의 운전미숙으로 보기 어렵다. 그리고 블랙박스 영상을 본 많은 사람들은 자동차 급발진이 의심된다고 하였다. 2017년 한 씨는 현대자동차와 보쉬를 상대로 100억원대의 소송을 걸었다.

그러나 제조사에서도 차량 자체의 문제가 없었다고 주장하여 이 소송이 한 씨의 승리로 끝날지 혹은 대부분의 우리나라에서 발생한 차량급발진 사고처럼 제조사의 무죄로 끝날지는 알 수 없다. 우리나라에는 많은 차량급발진 사고가 발생한다. 2010년부터 2015년 7월까지 국내에서 발생한 차량급발진 의심사고는 482건이다. 이중 현대차를 비롯한 국산차가 약 88%를 차지하고 있고 나머지 12%는 수입차들이다. 급발진 원인에 대해서 교통안전공단은 현장조사를 했으나 여전히 급발진의 원인에 대해서 명확히 밝혀내지 못했다. 원인을 모르는 사고이기 때문에 사고발생시 자동차 회사가 그 책임을 질 수 없다. 결국 그 책임은 고스란히 소비자가 부담해야 한다.

제조사별 국내급발진 차량발생 현황

제조사	2010	2011	2012	2013	2014	2015.7	합계
기아차	4	4	22	30	13	5	78
현대차	7	12	61	54	60	16	210
르노삼성	7	5	22	20	12	5	71
한국지엠	2	6	6	10	10	1	35
쌍용	2	5	5	7	9	2	30
기타	6	2	20	18	9	3	58
합계	28	34	136	139	113	32	482

(출처 : 새정치민주연합 강동원 의원, 교통안전공단 제출자료)

위의 표만 보면 차량급발진 사고는 현대차와 기아차가 가장 많이 일으킨다. 이는 현대, 기아차의 품질이 가장 낮다기보다 상대적으로 타 자동차 회사보다 더 많은 수의 자동차를 판매하기 때문에 급발진 으로 의심할 만한 사고도 많이 발생했다고 볼 수 있다. 어떤 제조사 의 자동차가 차량급발진 사고를 더 많이 일으키고 더 적게 일으킨다 고 말하기는 어렵다.

… 차량급발진 주요 사고

1997년 2월, 서울 보문동에서 주차관리원으로 근무하던 박 씨(당시 51세)는 대우자동차가 제조한 아카디아 승용차를 운전하다가 급발진 사고를 당했다. 2015년 11월, 대리운전기사인 박 씨(당시 51세)는 서울 마포구 용강동에서 시속 100킬로 이상의 속도로 160미터 거리를 후진으로 질주하였다. 그 결과 10중 추돌사고가 발생하여 1명이 사망하고 5명이 다치게 되었다. 박 씨는 운전경력이 20년이나 된 베테랑 운전사였고 당시 음주나 약물 복용도 하지 않았다. 폐쇄회로에 잡힌 당시 상황은 매우 비정상적으로 운전자가 차량을 통제하지 못하는 것처럼 보여서 차량급발진 사고로 의심되었다. 2005년 3월에는 김영란법으로 유명한 김영란 전 대법관이 대법관 재임 중에 서울대 특강에 갔다가 차량급발진으로 의심되는 사고를 당했다. 당시 김영란 전 대법관이 탄 에쿠스가 빠르게 후진해 뒤에 주차된 차를 들이받았다. 이 충돌 후에도 에쿠스는 5미터나 더 후진하다가 도로 끝에 있는 인도턱에 부딪힌 후 멈췄다. 당시 에쿠스를 운전한 운전기사는 차량이 갑자기 후진해서 차량급발진이 의심된다고 하였다.

이외에도 많은 차량급발진 사고가 발생하였다. 물론 운전자가 운전미숙으로 브레이크와 엑셀러레이터를 혼동하여 발생한 사고도 있지만 분명히 브레이크를 밟고 브레이크등이 들어오는데도 불구하고 차량이 돌진하거나 후진하여 사고가 발생하는 경우도 있었다. 차량급발진 사고가 나면 보통 운전자는 차량급발진을 주장하고 자동차회사는 운전자의 운전미숙을 주장한다. 즉, 서로가 자신의 책임이 아니라고 한다. 과연 이런 주장에 우리나라 법원은 누구의 손을 들어 주었을까?

차량급발진 사고가 일어나면 그 차에 탑승한 운전자만 다치는 경우보다 주변의 행인들이 다치는 경우도 많다. 이렇게 주변의 행인이 다칠 경우 이는 형사사건으로 확대된다. 즉, 타인의 재산과 신체에 위해를 가했기 때문에 현행법을 위반한 것이다.

앞서 언급한 차량급발진 의심사고 중에 2005년 11월 마포에서 발생한 사건에 대해서 대법원은 대리운전기사인 박 씨에게 무죄를 선고했다. 박 씨는 자신의 과실로 지나가는 행인을 죽게 하고 여러 사람을 다치게 했다. 그래서 그는 교통사고특례법 위반혐의로 재판을 받았다. 이 재판은 형사재판이기 때문에 박 씨에게 과실이 있었다는 점을 검사가 증명해야 했다. 국립과학수사연구원은 해당 사고에 대해서 급발진으로 볼 만한 사유가 없다고 했으나 검사 역시 박 씨의 운전미숙 같은 과실을 증명할 수 없었다. 그래서 급발진은 아니지만 차량이 운전자의 마음대로 움직이지 않았을 가능성이 있다고 판단하여 운전자에게 형사처벌을 할 수 없다고 하였다.

그러나 민사소송에서는 형사소송과는 다른 결과를 얻는다. 민사소송은 보통 급발진으로 피해를 본 운전자가 자동차회사를 상대로 소송을 제기한다. 이 경우 자동차회사가 차량을 잘못 만들어서 급발진이 발생했다고 증명해야 하는 주체는 소송을 제기한 차량운전자이다. 지금까지 우리나라에서 급발진 관련 민사소송에서 운전자가 승소한 경우는 없다. 즉, 자동차 자체의 결함보다는 운전자의 운전미숙에 그 초점이 가해져서 민사소송에서는 늘 자동차회사가 승소하였다. 결과적으로 본다면 동일사건에 대해서 형사소송에서는 운전자의 운전미숙이 아니기 때문에 운전자를 처벌하지 않았다. 그러나 민사소송에서는 운전자의 운전미숙으로 발생한 사고이기 때문에 자동차회사는 책임이 없다고 하였다. 결국 가장 많은 피해를 입는 사람은 운전자를 비롯한 주변에 있는 피해자들이다.

이런 차량급발진 사고가 발생하면 늘 자동차회사는 운전자의 운전미숙 때문에 발생했다고 한다. 왜냐하면 차량급발진 사고를 자동차회사의 책임으로 인정하면 자동차회사들은 많은 손해배상을 해줘야 하고 자신들의 품질 이미지에 큰 타격이 갈 뿐만 아니라 대대적인 리콜을 해서 수리해 줘야 하기 때문이다. 그러므로 사람들이 차량급발진으로 의심되는 사고에 대해서 차량급발진을 합리적인 원인으로 의심해도 현실에서는 이에 대해서 공식적으로 인정한 적이 없다.

… 왜? 차량급발진 사고는 운전자 책임인가?

차량급발진으로 의심되는 사고가 발생하면 피해자는 사고의 원인을 자동차회사가 잘못된 차를 만들었기 때문에 발생했다고 자동차회사를 고소한다. 그러나 우리나라의 법에서는 이러한 경우 무언가를 주장하는 사람이 그 주장에 대해서 증명해야 한다. 즉 자동차가 잘못 만들어져서 차량 급발진이 일어났다고 주장하려면 자동차가 잘못 만들어진 것을 차량급발진 피해자가 증명해야 한다.

대다수의 피해자들은 자동차를 운전할 줄은 알아도 자동차가 어떻게 만들어지는지는 모른다. 그러므로 자동차가 잘못 만들어졌다고 주장하기 위해서는 자동차에 대해서 전문가 수준의 지식이 필요하다. 설사 그러한 전문가의 도움을 받아서 실험한다 할지라도 실제 자동차가 만들어지는 장소는 자동차회사의 공장이다. 그러므로 자동차의 설계도를 입수하고 이 설계도대로 자동차가 만들어졌는지 증명하려면 자동차 회사의 협조가 필수적이다. 자동차 설계도를 자동차회사에 요청하고 차량을 만드는 공정을 볼 수 있도록 피해자가 요청한다면 자동차 회사들이 "예"하고 바로 협조를 할까? 영업상의 비밀 등 각종 이유를 대면서 협조하지 않을 것이다.

우리나라 법은 확실한 증거가 있어야 잘잘못을 가릴 수 있다. 아무리 블랙박스를 통해서 그 상황이 녹화되었더라도 기계적인 결함을 찾기 위해서는 확실한 증거가 필요하다. 차량급발진 사고에 대해서는 피해자가 이를 완벽하게 입증하기 어렵기 때문에 늘 피해자가 피해를 당하고도 패소하게 된다. 피해자가 패소하는 건 '차량급발진이 존재하지 않는다'라는 의미보다 차량급발진은 심증적으로 이해는 가는데 이를 증명할 물증이 충분하지 않기 때문이다. 강도살인 현장에 있었다는 사실만으로 아무런 물증 없이 심증으로만 그 사람을 살인자로 처벌할 수 없는 것과 같은 이치이다.

앞으로도 우리나라에서 차량급발진 사고가 발생하면 늘 그 잘못은 운전자의 운전미숙이고 차량을 만든 자동차회사들은 아무런 잘못이 없을 것이다. 길거리에는 2천만대 이상의 차량이 운행하고 있으며 우리들은 하루라도 차를 타지 않는 날이 없다. 우리는 늘 언제 발생할지 모르는 차량급발진이라는 시한폭탄을 안고 불안하게 하루하루 살아가면서 나에게는 그러한 끔찍한 사고가 일어나지 않기를 기도 할 수밖에 없다.

차량급발진 사고는 우리나라뿐만 아니라 전 세계에서 발생하는 사고다. 해외에서는 차량급발진 사고가 발생했을 때 어떻게 대처하나? 2007년 미국 오클라호마주에서 도요타의 캠리승용차를 운전하던 진 북아웃이 차량급발진 사고로 중상을 입고 동승자 1명은 사망한 사고가 있었다. 이 사고에 대해서 북아웃은 도요타를 상대로 소송을 하였고 결국 캠리에 장착된 소프트웨어 문제로 사고가 발생했다고 결론이 났다. 그 결과 법원은 피해자들에게 약 32억원을 배상하라고 판결했다. 그러나 추가적인 손해배상을 피하기 위해서 도요타는 피해자들과 합의를 했고 합의한 액수는 비밀에 부쳤다. 추가적인 벌금을 피하기 위해서 합의했기 때문에 법원에서 판결한 32억원의 배상금보다는 더 큰 규모의 배상으로 합의했을 거라고 추정된다. 이 결과 도요타는 이와 유사한 급발진 소송에 대해서 피해자들과 합의를 했다. 법원의 이 같은 결정으로 도요타는 대대적인 리콜을 시행했고, 소송합의금, 벌금으로 약 4조7천억원을 사용하였다.

미국에서 이러한 사고가 발생하면 소비자가 아니라 제조사가 사고 발생 원인에 대해서 무죄를 증명해야 한다. 즉, 도요타는 차량을 결함 없이 제조하였기 때문에 차량제조사의 결함이 없다는 증명을 스스로 해야 한다. 그러므로 소비자 입장에서는 상대적으로 손쉬운 소송을 진행할 수 있다. 우리나라에서 같은 차종으로 이런 사고가 발생하면 도요타는 여전히 차량결함은 없고 운전자의 운전미숙으로 인해서 발생했다고 주장했을 것이다. 왜냐하면 우리나라에서 제조물의 결함에 대한 입증책임은 소비자가 지고 있기 때문이다. 분명히 미국에서는 도요타의 차량결함이지만 같은 사고가 우리나라에서 발생하면 이는 소비자의 과실로 될 가능성이 높다.

… 급발진 사고 대처는?

차량급발진 사고를 원천적으로 예방하기 위해서는 차량에 결함이 없이 제조하여야 한다. 그러나 사람이 만드는 물건이기 때문에 100% 결함이 없게 할 수는 없다. 다만 차량급발진 사고가 발생했을 경우 최소한의 보상이라도 받기 위해서 소비자들은 차량 내 블랙박스뿐만 아니라 운전자의 다리 부분에 카메라를 설치하여 브레이크와 엑셀러레이터 사용을 혼동하지 않았음을 증명해야 한다. 사실 우리나라에 이러한 조치를 취한다고 해도 차량급발진 사고가 발생했을 경우 제조사 책임으로 돌리기는 어려울 것이다. 그러나 최소한 운전미숙으로 사고가 발생했다는 것을 피할 수는 있다. 좀 더 근본적으로 시시비비를 가릴 수 있는 것은 EDR(Event Data Recorder)을 차량에 장착해야 한다. EDR은 비행기의 블랙박스처럼 차량의 블랙박스라고 보면 된다. EDR의 기록을 통해서 운전자가 브레이크를 밟았는지 엑셀러레이터를 밟았는지 확인할 수 있다.

추가로 제동페달의 작동여부, 자동차의 속도기록, 에어백 전개 시간, 엔진 회전수 등 차량운행과 작동에 대한 정보가 기록되어서 운전미숙인지 차량의 결함인지 좀 더 수월하게 알 수 있다. 미국은 2012년 9월부터 EDR 장착이 의무화 되었다. 우리나라에도 EDR을 장착한 차량이 있으나 미국처럼 의무화 되지는 않았다. 2016년부터 우리나라는 EDR데이터가 소비자들이 요구할 경우에는 공개되기 시작하였다. 그러나 미국의 EDR은 소비자가 원할 때 공개해야 할 데이터를 지정하고 이를 테스트할 수 있는 곳이 있으나 우리나라는 공개할 EDR데이터를 지정하지 않았고 실제 이를 테스트하고 그 결과를 신뢰할 만한 곳이 없어서 EDR데이터 공개가 차량급발진 사고의 책임소재를 분명히 밝혀내기에는 한계가 있다.

현실적으로 우리나라 소비자들이 차량급발진 사고에 대해서 블랙박스 설치, EDR데이터 공개요구를 통해서 과거보다는 신뢰성 있게 자신들의 무과실과 자동차회사의 과실을 증명할 수 있지만 여전히 법정에서 충분한 증거로 채택되기에는 부족하다. 그러므로 현재로써는 이러한 사고가 일어나지 않게 기도할 수밖에 없다.

04 병원 가기가 무서워요!!!

'무한궤도'라는 밴드를 사랑했던 팬들과 대중음악을 사랑하는 국민들에게 2014년은 매우 슬픈 해였다. 그해 10월 가수 신해철은 장 협착증 수술을 받았으며 얼마 후 사망하였다. 이 사건은 결국 의료사고로 의심되어 신해철의 유가족은 의료사고라고 주장을 하였고 수술을 한 병원은 자신들의 책임이 없다고 주장하였다. 결국 의료소송으로 번졌다. 오랜 법정싸움 끝에 4년이 지난 2018년 5월 대법원은 해당 의사에게 징역 1년을 확정하였다. 신해철의 허망한 죽음에 대해서 해당 의사는 징역 1년으로 그 죗값을 치르게 되었다.

2017년 12월 이화여대 목동병원에서 신생아 4명이 원인을 알 수 없는 이유로 80분 만에 모두 사망한 충격적인 사고가 발생하였다. 신생아 4명 모두는 미숙아로 신생아 중환자실에서 치료를 받고 있었으며 신생아 중환자실에서 갑작스럽게 짧은 시간에 신생아들이 동시다발적으로 사망하는 사고는 매우 이례적이었다. 다양한 원인이 제기되었지만 국립수사과학연구소는 병원 내 감염으로 신생아들이 사망했다고 발표했다. 2018년 4월 해당 의료진들은 구속되었고 이에 대한 시시비비를 법정에서 다투고 있다.

위의 의료사고들은 매스컴에서 크게 보도되어서 우리가 익히 잘 알고 우리에게 병원진료에 대한 공포를 준 의료사고이다. 사실 보도만 되지 않을 뿐 단순한 감염부터 사망에 이르기까지 하는 대형의료사고들이 빈번하게 발생한다. 고 신해철의 의료사고는 언론에 많이 보도되고 피해자인 고인의 재정능력이 있어서 소송까지 가서 승소한 경우이다. 이화여대 목동병원의 신생아 사건은 국민적인 공분을 일으켜서 모든 국민이 관심을 갖고 지켜보는 사건이기 때문에 신속하게 처리된 것도 없지 않아 있다. 그러나, 이 책을 읽는 대다수의 독자들은 고 신해철처럼 유명하지도 않고 충분한 재정능력을 갖추지 못했을 것이다. 의료사고가 발생하면 가슴앓이를 하면서 어디 하소연 하기도 힘들고 의사의 책임보다는 내가 재수가 없다고 생각하며 자포자기하는 경우가 많다.

… 의료사고가 발생하면 어떻게 해야 해요?

과거에는 의료사고가 발생하면 그 피해의 대부분을 적절한 보상도 없이 환자가 부담하였다. 그러나 소득수준이 높아지고 선진국의

제도를 도입하면서 의료사고에 대한 다양한 해결책이 마련되고 있다. 대표적으로는 분쟁으로 가지 않고 환자와 병원이 합의하는 방법이 있다. 합의가 되지 않으면 환자는 의료사고로 의심되는 의료행위를 한국의료분쟁조정중재원(이하 중재원)에 제기할 수 있다. 중재원도 해결할 수 없다면 환자는 민사소송 혹은 형사소송을 통해서 그 피해를 구제할 수 있다. 표면적으로는 많은 제도들을 통해서 의료사고를 원만히 해결하려고 하지만 자세히 살펴보면 여전히 피해자인 환자를 구제하기에는 한계가 존재한다.

의료사고로 의심되는 사고가 발생하면 환자들이 가장 많이 이용하는 제도는 중재원을 통해서 분쟁을 조정하는 방법이다. 2016년 전에는 의료분쟁이 발생해서 환자가 중재원을 통해 중재신청을 하더라도 상대방인 병원이나 의사가 이를 거부하면 중재절차를 개시하지 않았다. 즉, 중재신청이 있더라도 병원이나 의사가 이에 동의해야 중재가 가능했다. 그러나 고 신해철이 의료사고로 사망하고 의료사고가 언론에 주목을 받으면서 2016년에 의료분쟁 조정절차 자동개시가 가능하도록 관련법이 개정되었다. 이로써 환자가 의료중재를 신청하면 병원이나 의사는 그 신청에 따라 중재 테이블에 앉아야 한다. 그러나 이 제도의 한계는 중재의 기본 자료가 되는 진료기록지 등 다양한 처리 기록에 대한 내용을 의사나 병원에서 사후적으로 수정이 가능하기 때문에 정확한 잘잘못을 가려내서 과실여부를 판단하기에는 한계가 존재한다. 설사 중재를 통해서 합의되었다고 할지라도 그 합의금이 충분하지 않은 경우도 많다.

의료분쟁 접수현황

구분	2012년	2013년	2014년
상담	26,258	37,335	40,268
피해구제	1,010	976	1,005
분쟁조정	421	617	806

(출처 : 소비자 상담센터)

의료분쟁에 대한 상담이 매년 증가하고 있으나 실제적으로 그 피해구제율은 2~3% 수준으로 매우 낮다. 의료분쟁의 속성상 전문분야에 대해서 전문가와 일반인이 분쟁을 해야 하기 때문에 환자의 입장에서는 다소 불리하고 설사 의료사고가 발생하더라도 그 사고들이 분쟁으로 가는 비율도 낮다. 또한 분쟁조정을 통해서 피해가 구제되는 비율도 낮다. 특히 과거에는 병원이나 의사가 중재원의 중재절차에 동의하지 않으면 중재 자체가 진행되지 않아서 피해구제가 더 낮은 경향이 많았다. 최근 관련법 개정으로 피해구제가 더 높아질 것으로 예상되지만 여전히 의료사고의 증명은 환자가 직접 하기에는 어렵고 대부분의 의료기록이 병원에 있기 때문에 피해구제율이 눈에 띄게 더 높아질 것으로 예상되지는 않는다.

2014년에 660건의 의료분쟁이 진행되었고 이중 의료과실이 인정된 것은 405건이다(출처. 소비자분쟁조정위원회). 그 결과 405건에 대해서 의사의 책임이 인정되어 환자에게 배상하였다. 배상한 평균금액은 약 895만원이며 최고금액은 약 3억2천만원이다. 배상금액도 1억원 이상은 단 2건이었다. 의료사고의 피해가 다르나 피해건당 평균적으로 895만원을 배상받는다는 것은 피해자 입장에서는 충분한 배상이 아닐 수도 있다.

배상결정 금액별 현황

구분	100만원 미만	100-500만원	500-1,000만원	1,000-5,000만원	5,000만원-1억	1억 이상	합계
건수	60	169	82	84	8	2	405

(출처 : 소비자분쟁조정위원회)

중재가 진행되지 않을 경우 피해자는 민사소송을 제기하는 방법이 있다. 아래는 2014년 11월 23일 KBS 1TV에서 방송한 '일요진단'의 피해사례이다.

"29살 박지현 씨는 2년 전 치아의 배열이 가지런하지 못한 부정교합을 교정하기 위해서 양악수술을 받았다. 부작용을 우려해 유명 치과대학 병원을 찾았으나 불행이 찾아왔다. 수술 후 안면 신경마비로 왼쪽 눈이 감기지 않아 영구 장애 판정을 받았다. 수술 후 일상생활을 하지 못하고 외출할 경우에는 선글라스를 착용해야 했다. 잘 때도 눈이 감기지 않아 거즈를 테이프로 눈에 붙여 억지로 눈을 감기게 해야 했다. 박지현 씨는 병원 측을 형사고소하고 민사소송을 준비하고 있지만 그 결과에 대해서 불안해하고 있다"

박 씨처럼 병원을 상대로 한 의료소송은 2009년 780건에서 2013년 1,101건으로 가파르게 증가하고 있다. 그러나 환자 측이 완전히 승소하는 비율은 채 1%도 되지 않는다. 2013년 자동차 사고를 포함한 전반적인 손해배상 소송에서 피해자가 승소한 비율이 9.9%인 것을 감안하면 의료사고에서 피해자인 환자의 승소비율은 비정상적으로 낮다고 볼 수 있다. 손해배상 소송시 피해자가 상대방의 과실을 입증해야 하는 책임이 있다. 의료사고 역시 피해를 당한 환자가 의사를 상대로 의사의 잘못으로 인해 피해가 발생했다고 주장해야 한다. 그러나 대부분의 환자는 의료지식이 없기 때문에 의사의 실수 혹은 잘못을 증명하기 어렵다. 설사 의사의 실수와 잘못이 있다 하더라도 그러한 잘못들이 환자의 피해로 이어졌다는 인과관계까지 증명해야 한다. 의료사고에서 환자가 피해를 증명해서 그 피해를 구제받는 것은 어려운 일이다.

다행스러운 것은 이러한 의료사고에 있어 환자가 의료지식이 없다는 것을 법원이 인지하여 환자가 일정 수준 이상으로 의료과실에 대한 증명을 한다면 과실입증의 책임이 환자에서 의사에게 전가된다. 예를 들어, 환자가 의료시술을 받기 전까지는 매우 건강했으나 의료시술 후에 건강이 악화된 점을 증명하면 의료시술이 문제없이 행해졌다는 것을 의사가 증명해야 한다. 설사 환자가 의료과실에 대해서 승소를 했다 할지라도 현행법상 환자가 받을 수 있는 위자료 액수는 사망사고의 경우 8,000만원 정도가 한계이기 때문에 여전히 환자에게는 불충분한 보상이 주어진다.

마지막으로 고려할 수 있는 방법이 형사소송이다. 해당 병원과 원만한 합의가 이루어지지 않을 경우 환자가 마지막으로 선택하는 수단이다. 그러나 형사소송은 소송을 제기하는 측이 검사이고 피고인이 병원이기 때문에 민사소송보다 더욱 더 엄격하게 검사가 병원의 과실을 증명해야 한다. 과실이 불충분하면 피고인 병원에게 법적인 책임을 물을 수 없다. 철저하게 증거 위주로 증명해서 무고한 피해자가 발생하지 않는 것이 법 정신이기 때문에 상대방의 유죄를 증명하려면 객관적인 충분한 증거가 필요하다. 의료 분야는 많은 전문지식이 필요하기 때문에 이러한 의료전문지식이 요구되는 소송에서 검사가 이를 충분히 숙지하고 병원의 과실을 증명하기는 여간 어려운 일이 아니다. 설사 검사가 승소해서 병원 측이 유죄를 선고받더라도 고신해철의 의료사고에서 본 것처럼 환자가 사망했는데도 불구하고 그 처벌은 상대적으로 낮을 가능성이 있기 때문에 피해자인 환자 입장에서는 불만족스러운 결과가 나올 가능성이 높다.

미국은 소송의 나라라고 불러도 이상하지 않다. 소비자 피해가 발생할 경우 많은 사건들이 변호사를 통해서 소송을 제기한다. 의료사고는 미국에서도 매우 빈번하게 발생하는 사고이다. 1999년 미국 국립의학원은 의료사로 인해서 연간 98,000명의 환자가 사망한다고 발표했다. 그러나 2016년의 연구에 따르면 98,000명이 사망한 것은 과소평가되었고 실제로는 약 250,000명이 사망한다고 발표하였다. 의료사고로 인한 사망이 미국 내 사망원인 3위에 기록될 정도로 미국에서는 많은 의료사고가 발생한다. 그러한 이유로 미국은 의료사고에 대한 다양한 해결방법을 만들었다.

미국도 우리나라와 유사하게 가장 좋은 해결 방법은 병원과 환자가 합의하는 것이다. 합의가 이루어지지 않을 경우 환자는 민사소송과 형사소송을 제기할 수 있다. 소송이라는 것은 피해자가 취할 수 있는 가장 극단적인 방법이다. 이러한 극단적인 방법을 피하고 합의가 원만히 진행되기 위해서 다양한 제도적 장치를 갖고 있다. 그중에 대표적인 것이 사과법이다. 우리나라에서 의료사고로 의심되는 사고가 발생할 경우 병원이나 담당의사는 대체로 환자에게 미안하거나 잘못함을 표현하지 않는다. 사람에 대한 사랑과 사명감이 상당히 많이 필요한 의사가 미안한 마음이 없어서 사과를 안 하는 것이 아니다. 최소한 도의적인 책임이라도 느껴서 환자에게 사과를 하면 그 사과는 법정에서 병원에게 불리하게 작용할 수 있기 때문에 담당의사는 환자에게 너무나 미안해도 병원에 소속된 직원이기 때문에 환자에게 사과를 할 수 없다. 그러나, 미국은 환자와 병원과의 감정적인 대립을 막기 위해 병원이나 의사가 환자에게 사과한 것을 법정에서 문제 삼지 않는다. 다만 본격적인 소송이 시작되고 환자에게 사과한 것은 법정에서 불리하게 작용한다.

어찌 되었건, 사고가 발생했을 경우 미국은 의사나 병원이 피해자인 환자에게 사과를 할 수 있는 제도적 장치를 마련했기 때문에 소송보다는 원만한 합의를 할 수 있는 환경이 조성된다. 그래도 소송으로 이어지면 미국 역시 과실에 대한 증명의무는 환자가 갖고 있다. 이러한 사고를 대비해서 병원 내에 다양한 의료조치 기록 및 CCTV 기록을 환자도 손쉽게 접근해서 의료인의 과실을 증명하기 수월하게 해 준다.

피해구제에 있어서도 의료사고가 발생하면 대부분의 병원은 별도의 보험에 가입되어 있어 보험회사에서 피해자인 환자에게 손해를 배상한다. 그리고 의료사고에 대해서 상급관리기관에 신고하게 되어 있어 의료사고 현황에 대한 통계가 작성되고(우리나라는 공식적으로 의료사고에 대한 통계가 없음) 유사한 사건이 재발하지 않도록 제도를 개선해 나가고 있다. 특히, 병원 측에서 의료사고를 인정하지 않다가 최종재판에서 병원의 의료사고가 입증되면 매우 많은 금전적 배상을 할 수도 있기 때문에 의료사고가 확실하다고 판단될 경우 병원은 환자와 적극적인 합의를 하려고 한다.

2014년 3월 11일자 연합뉴스기사에 따르면 미국 시카고대학의 병원은 10대의 환자에게 의료사고 합의금으로 180억원을 보상하기로 했다. 2003년 9월 당시 19살인 윌리엄스는 고열로 응급실을 찾았다. 윌리엄스는 과거 심장병을 앓았는데 의사는 정확한 검사를 하지 않고 해열제만을 처방하고 열이 내려가자 별다른 조치를 취하지 않고 환자를 귀가시켰다. 며칠 후 윌리엄스의 건강이 더 악화되고 다시 응급실에 와서 검사해보니 심장이상이 더욱 커졌다. 그 결과 윌리엄스는 좌측 반신불구에 왼쪽 눈 시력을 상실하고 언어장애를 갖게 되었다. 이에 시카고병원은 자신들의 과실을 인정하고 180억원의 합의금을 제시하여 환자인 윌리엄스와 의료분쟁을 합의하였다. 평생 장애를 안고 살아가야 하는 윌리엄스에게 금전적인 보상은 불충분할지라도 이러한 금전적 보상을 통해서 윌리암스는 남은 인생을 덜 불편하게 보낼 수 있다.

다른 예는 시카고에 있는 치과에서 있었다. 환자를 시술하다가 의사의 실수로 환자가 의료도구를 삼켰다. 환자는 해당 병원과 소송을 했고 병원은 패소가 확실해지자 환자와 약 7억6천만원에 합의를 하였다. 이 역시 7억6천만원이 그간 환자가 겪은 고통을 전부 보상해주지는 않으나 환자 입장에서는 앞으로 덜 불편한 생활을 할 수 있는 자금으로 사용될 수 있다. 게다가, 이러한 막대한 보상은 의료계에도 경각심을 일깨워 의사들이 환자를 진료할 때 더욱 주의를 기울여 진료하고 환자 역시 의사를 믿고 자신의 몸을 맡길 수 있도록 작용할 것이다.

일본의 경우 1973년부터 의사배상책임보험제도를 운영하고 있다. 일단 의료사고가 발생하면 해당 병원이 가입한 보험회사가 환자에게 일단 배상을 하고 시시비비를 가려서 최종적인 금액이 확정되면 병원과 보험회사가 정산하는 방식으로 의료사고를 처리하고 있다. 이러한 제도 때문에 환자 입장에서는 신속한 피해구제가 가능해서 소송으로 결과를 얻기까지 장시간 고통받는 것을 최소화할 수 있다.

독일의 경우도 조정위원회가 있어서 1년 안에 의료사고에 대해 조정해서 신속하게 환자의 피해를 구제해 준다. 조정위원회 없이 소송으로 의료사고가 진행되면 보통 2-3년의 시간이 소요된다. 그러므로 독일의 환자는 의료사고로 인한 고통 외에 장기간 소송에 따른 고통을 최소화할 수 있다. 뉴질랜드는 정부가 모든 의료사고에 대해 보상한다. 설사 의사의 무과실이 증명된다 할지라고 정부가 보상을 하기 때문에 환자들은 안심하고 병원진료를 볼 수 있다.

… 좀 더 적극적인 해결 방법은 없나요?

의료사고가 발생했을 경우 환자 입장에서 적극적인 구제를 하는 방법으로는 의료기록에 대해서 누구나 쉽게 접근하게 할 수 있는 방법이 있다. 지금은 의료기록이 작성되더라도 사후적으로 이를 수정할 수 있기 때문에 악의를 갖고 병원에서 이를 자신들에게 유리하게 수정하면 환자 입장에서는 대처할 방법이 없다. 이를 보완하기 위해서 병원 내 음성녹음이 되는 CCTV를 설치해서 환자들에게 CCTV 열람권을 주는 방법도 있다. 예를 들어 수술실에서 수술 도중에 의료사고가 발생하면 환자는 의식이 없기 때문에 의사가 어떠한 의료적 시술을 환자에게 했는지 알 수 없다. 그러나 CCTV설치문제는 다른 환자도 찍힐 수 있기 때문에 사생활보호에 따른 이슈가 제기될 수 있다.

의료사고가 발생하면 그 과실에 대한 입증책임을 의사가 갖는 방법도 있다. 의사가 자신들의 의료적 조치가 규정된 절차에 따랐다는 것을 적극적으로 증명한다면 의료사고 분쟁에 있어서 환자의 피해는 많이 감소할 수 있다. 그러나, 이러한 증명의무를 의사에게 부과한다면 의사는 환자치료에 대해서 기존의 방법만 답습하고 새로운 방법을 시도하지 않아 결과적으로 치료의 효과성이라는 측면에서는 환자에게 피해가 발생할 가능성이 있다. 즉 방어적인 진료를 통해서 의사는 환자의 병을 고치는 것보다 자신들의 책임을 피하기 위해서 절차적인 정당성을 확보하는 데 더 많은 노력을 해서 치료 효과가 낮아질 수도 있다.

마지막으로 징벌적 배상제도를 도입할 수 있다. 의료사고 피해자는 사망할 수도 있고 평생 장애를 안고 살아갈 수도 있다. 현행법은 이러한 경우가 발생하고 의사의 과실이 인정된다 하더라도 피해배상의 규모가 상대적으로 적기 때문에 의료사고 피해자에게는 충분한 보상이 될 수 없다. 그러므로 징벌적 배상제도를 도입하면 피해자에게 모든 것을 보상을 하지 못하더라도 발생한 손해를 최소화할 수 있는 구제조치를 피해자 스스로 할 수 있게 한다. 게다가 징벌적 보상규모가 크기 때문에 병원에서는 부주의로 인한 손실을 최소화하기 위해서 환자를 진료하는 데 절차적인 방법을 더 잘 준수할 뿐만 아니라 의료기기, 의약품에 대한 관리도 지금보다 더 강화되어 어처구니없는 의료사고 발생의 빈도를 많이 줄일 수 있을 것이다.

비밀이 없는 세상

"안녕하십니까? 검찰청 이○○ 수사관입니다. 박삼수 씨 맞으시죠? 박삼수 씨의 은행계좌 정보가 유출되어서 2천만원이 출금되었습니다. 다행히 범인을 잡아서 출금된 2천만원을 다시 입금해야 하는데, 박삼수 씨의 은행계좌와 비밀번호가 필요합니다. 알려주세요."

"안녕하세요? 고객님 여기는 생명보험회사입니다. 오늘 전화 드린 건 고객님께 보험상품을 소개해 드리기 위해서예요. 저희 상품은 80세까지 보장이 됩니다."

대한민국 사람이라면 이러한 보이스피싱, 텔레마케팅에 대한 전화를 누구나 한 번쯤은 받아보았을 것이다. 우리는 이러한 전화를 받으면서 어떻게 전화를 건 사람이 내 전화번호를 알고 내 이름을 알았을까 궁금해한다.

천만건 이상 개인정보 유출사례

일자	2008년 2월	2008년 9월	2011년 7월	2011년 11월	2014년 1월	2014년 3월	2014년 3월	2016년 7월
회사명	옥션	GS 칼텍스	네이트 싸이월드	넥슨	카드 3사 (국민, 롯데, NH농협)	KT, 티몬, 올레뮤직	SKT, LG U+	인터파크
건 수	1,000 만건	1,119 만건	3,500 만건	1,300 만건	1억건	1,200 만건	1,200 만건	1,000 만건

천만건 이상의 개인정보가 유출되는 사건이 빈번하게 발생했다. 카드 3사 개인정보 유출을 포함하여 주요 개인정보 유출건수는 우리나라 전체 국민의 수보다 더 많기 때문에 모든 우리나라 국민의 개인정보는 최소한 2-3번 이상 유출되었다. 그래서 우리가 보이스피싱, 텔레마케팅, 정치인의 선거 홍보전화 등 원치 않는 전화를 받는 것이다. 이렇게 유출된 개인정보는 지하시장을 통해서 해외로 팔리게 된다. 지금 이 시간에도 중국의 범죄 조직은 우리의 개인정보를 이용하여 어떻게 범죄를 저지를지 궁리하고 있을 것이다.

　이외에도 홈플러스는 경품행사를 한다고 하며 고객들의 개인정보를 2011년부터 2014년까지 약2,400만건을 수집해서 보험사에 약 231억원에 판매하였다. 개인정보를 회사차원에서 조직적으로 수집해서 판매수익을 올린 것보다 더 놀라운 것은 1심재판에서 무죄가 선고되었고 항고심에서도 홈플러스의 해당 임직원들은 무죄가 선고되었다. 홈플러스는 눈에 보여도 읽기 힘들 정도로 깨알같은 글씨를 적은 개인정보 수집 고지문으로 인해 무죄가 되었다. 과연 이러한 판결을 한 판사는 그 고지문이 보이고 그것을 읽을 수 있었을까?

　이러한 유사한 사례는 이마트에서도 발생했다. 이마트도 4차례의 경품행사로 수집된 약 311만건의 개인정보를 보험사에 판매했다. 국정감사 자료에 따르면 이마트는 2012년부터 2013년까지 경품행사로 수집된 개인정보를 개당 2,090원에 신한생명에 약 66억원에 판매하였다. 아직 다른 유통업체들은 개인정보 판매에 대해서 적발되지 않았으나 이와 유사한 거래가 있었을 것이라는 가능성을 배제할 수는 없다.

… 개인정보 유출에 대한 처벌은?

대표적으로 2014년에 발생한 카드 3사의 1억건이 넘는 개인정보 유출에 따른 행정당국의 처벌은 고작 벌금 1,000만원이 전부였다. 이외에 2008년 2월에 발생한 옥션의 개인정보 유출은 처벌조차 받지 않았다. 옥션은 내부적으로 개인정보 유출방지를 다 했으나 외부의 해킹으로 인해서 개인정보 유출이 발생했고 법규에 따른 조치를 취했기 때문에 개인정보 유출에 대해서 처벌을 받지 않은 것이다. 처벌이 솜방망이고 심지어 정해진 법규에 따른 조치를 했다는 이유만으로 처벌조차 받지 않기 때문에 기업들은 개인정보 보호에 대해서 큰 주의 의무를 기울이지 않는 것은 사실이다. 이로 인해 받는 피해는 고스란히 소비자에게 전가된다.

개인정보가 유출된 것을 소비자들이 통지받더라도 너무 자주 발생하는 일이기 때문에 우리는 또 유출됐나 하는 정도만 생각하고 이를 대수롭게 여기지 않는 경우가 많다. 개인정보는 사생활의 비밀보장과 행복추구를 위해서 반드시 보호받아야 하는 헌법상의 권리임에도 불구하고 이에 대한 직접적인 피해 발생이 소수에게 집중되고 체감하기 어려워서 우리는 중대한 헌법 위반 행위에 대해서 둔감하다. 1994년 세상을 떠들썩하게 만든 지존파 사건이 있었다. 이들은 조직적으로 사람들을 연쇄 납치하고 살해했으며 살해된 피해자의 인육까지 먹었다. 이들이 범죄를 저지르기 위해서 그 대상을 고를 때 현대백화점의 우수고객 1,200명의 명단을 빼내서 그들 중 일부를 납치하고 살해했다고 하는데 개인정보 유출은 단순히 귀찮은 스팸전화가 오는데서 그치지 않고 범죄조직이 이를 악용하면 우리의 생명까지 위협할 수 있는 심각한 문제이다.

이러한 심각한 범죄 행위에 대해서 우리나라 법은 매우 관대했다. 홈플러스의 개인정보 판매에 대해서 피해자들은 민사소송을 진행했고 법원은 1,067명의 피해자들이 낸 소송에 대해서 총 8천여만원을 배상하라고 판결했다. 1인당 8천여만원도 아니고 1,067명의 피해자들에게 8천여만원이었다. 1인당 배상금액으로 환산했을 경우 1인당 약 만원의 배상을 하라고 판결을 하였다. 그것도 개인정보가 유출되서 피해를 본 모든 피해자가 아니라 피해자 중에서 적극적으로 법원에 그 피해를 호소한 1,067명에 대해서만 보상을 해야 한다는 판결이다.

우리나라는 2011년 9월에 개인정보 보호법을 만들고 시행하였다. 그 법에는 개인정보 보호제도와 개인정보 처리를 위해 준수해야 할 기준 등이 기술되어 있다. 그러나 처벌에 있어서는 솜방망이 처벌이었다. 개인정보 처리에 대해서 주의 의무를 하지 않아 피해가 발생할 경우 과징금은 불과 1억원이었다. 그리고 피해자에 대한 배상도 구체적이지 않아서 피해자 구제도 충분히 이루어지지 않았다.

극단적으로 개인정보 유출이 발생했지만 기업이 법규에 있는 주의 의무를 다했을 경우에는 처벌하지 않았다. 그 예로 옥션에서 1,000만 건 이상의 개인정보가 유출되었지만 법원은 옥션이 무죄라고 판결하였다. 그 결과 개인정보 유출 피해자들은 한 푼의 보상도 받지 못했다. 왜냐하면 옥션은 기술적, 관리적 보호의무를 다했기 때문에 외부의 해킹에 의한 개인정보 유출에 대해서 면죄부를 받은 것이다. 이렇게 관련 법에서 규정한 주의 의무만 다하면 기업들은 면책을 받는다. 그리고 아직까지 우리나라에서 개인정보의 중요성에 대한 인식이 낮기 때문에 처벌이 약한 것이다. 개인정보유출을 통해서 직접적으로 사람이 죽거나 재산상의 손실이 발생하지 않고 설사 발생했더라도 그 인과관계를 입증하기가 쉽지 않기 때문에 단순히 개인정보 유출로 인한 처벌을 강하게 하지 않았다.

그러나 점점 모든 정보들이 데이터화되면서 개인정보의 중요성에 대해서 경각심이 일어나기 시작했다. 2014년에 관련법이 개정되어서 위반시 부과하는 과징금 1억원을 매출액 3% 이하로 상향시켰으며 개인정보로 인해서 피해가 발생했을 경우 최고 300만원 이하의 범위에서 손해배상 청구가 가능하도록 법을 개정하였다. 법 개정이 있은 후에 인터파크에서 1,000만 건의 개인정보가 유출되었다. 해커가 인터파크 직원의 가족을 사칭하여 이메일을 보냈고 그로 인해 사내 컴퓨터가 악성코드에 감염되면서 정보 유출이 발생했는데 인터파크는 충분한 예방조치를 취하지 않았기 때문에 해커의 개인정보 유출을 막지 못했고 그 결과 방송통신위원회는 인터파크에 과징금 약 44억원을 부과하였다.

개정된 개인정보 보호법은 이전보다 처벌이 강화되었고, 관련 제도에서 정해놓은 절차 외에 추가적인 주의 의무를 개인정보를 취급하는 기업들에게 부과한 부분에 대해서는 긍정적이나 여전히 개인정보 유출 사고가 발생하더라도 기업 입장에서 충분히 항변할 수 있는 부분이 존재한다. 게다가 피해자 피해 보상 규모와 과징금의 규모는 기업들이 자발적으로 더욱 강력하게 개인정보를 보호하게 만들기에는 충분하지 않다.

… 해외는 어떻게 대처하지?

개인정보 유출문제는 비단 우리나라 기업만의 문제는 아니다. 많은 자료들이 전산화되면서 전 세계에 있는 모든 기업들은 크고 작은 개인정보 유출 사건에 휘말리게 된다. 아무리 보안을 철저히 하더라도 해커들에게 개인정보가 유출될 수 있다. 그러나 해외의 제도들은 이러한 현실을 인정하더라도 기업들에게 적극적으로 고객정보보호 의무를 강하게 부여하고 있다.

ChoicePoint

2005년 초 미국 신용정보 회사인 초이스포인트가 해킹당하면서 미국 할리우드의 유명인사들의 개인정보를 포함해서 약 14만명의 고객정보가 유출되는 사건이 발생하였다. 그 결과 800여명의 고객이 그들의 정보를 활용하여 위조된 신용카드 때문에 금전적인 피해를 입었다. 초이스포인트가 보안을 소홀히 했다는 점이 인정되어 미국 연방거래위원회는 초이스포인트사에게 약 106억원의 벌금을 부과하였고 고객에게는 약 53억원의 손해배상을 하도록 지시하였다.

2013년 미국의 거대 유통채널인 타겟에서 고객의 신용카드와 직불카드에 대한 약 1억1천만건의 정보가 유출되는 사건이 발생하였다.

유출된 개인정보는 고객의 이름, 신용카드 및 직불카드 번호, 유효기간, CVC번호였다. 당시 시장에서 추정하기로 타겟은 건당 최대 90달러의 과징금이 부과되어 약 3조8천억원의 과징금이 부과된 것으로 추정하고 있다.

일본은 우리나라보다 8년 앞선 2003년부터 개인정보보호법이 제정되었다. 2004년 소프트뱅크는 자사가 운영하는 야후BB의 이용자 800만명의 정보를 해커에게 유출당했다. 이 사건으로 인해 야후BB는 약 407억원을 배상하라는 법원의 판결을 받았다.

해외 선진국들은 개인정보의 중요성에 대해서 인식하고 적극적으로 개인정보를 보호하기 위한 조치를 취하고 있다. 특히, 개인정보 유출이 발생할 경우 이에 대한 벌금과 배상금액을 높게 책정하여 기업들 스스로가 개인정보 중요성에 대해서 인식하도록 하고 있다. 우리나라도 개인정보 유출에 대한 배상책임을 2014년 법 개정을 통해서 강화시켰지만 해외사례에 비춰볼 때 아직도 그 처벌 수준이 낮아서 기업들이 적극적으로 개인정보를 보호해야 할 필요성을 적게 느낀다. 그래서 관행적으로 기업 자체적으로 개인정보를 보호하기보다 이를 저렴한 가격에 외주를 줘서 외주 업체들이 해당 기업의 개인정보를 관리하는 경우가 많다.

… 유출 방지는 어떻게 하지?

정부는 개인정보 유출사건이 발생했을 경우, 이에 대한 피해보상과 벌금의 규모를 더 높여야 한다. 기업의 입장에서가 아니라 소비자의 입장에서 소비자를 보호하는 제도를 적극적으로 만들어야 한다. 단적으로 우리는 금융거래를 할 때 공인인증서를 사용하고 있다. 공인인증서를 사용하는 한 우리의 금융계좌 정보가 해킹에 의해서 유출되거나 금융사고가 발생한다 할지라도 금융기관은 법에서 규정하는 개인정보 보호 의무를 다했기 때문에 면책된다. 공인인증서의 사용은 소비자의 안전한 금융거래를 보호한다기보다 예기치 못한 사건으로 인해 발생하는 금융거래 피해로부터 금융기관을 보호하는 성격이 더 많다.

일례로 미국의 경우 아마존 같은 온라인 쇼핑몰에서 결제를 하더라도 개인들의 비밀번호만 있으면 결제가 쉽게 된다. 은행 계좌를 조회하거나 이체, 출금할 때도 공인인증서가 필요 없다. 즉 금융기관을 이용하는 소비자들은 편하게 그 서비스를 이용하고 있다. 대신 금융사고를 예방하기 위해서 아마존, 미국의 금융기관, 기타 소매기업들은 상당히 많은 자원을 내부통제와 고객정보 보호를 위해 사용하고 투자한다. 그러므로 미국기업은 적극적으로 보안프로그램을 개발하고 이를 활용해서 고객의 정보를 지키려고 노력한다.

이들이 이러한 노력을 하는 것은 미국기업이 양심적이라서 하는 것이 아니라 개인정보 유출사고가 발생했을 경우 해당 기업이 부담하는 책임으로 인해 파산까지 갈 수 있어 이를 사전에 예방하기 위함이다. 즉 자신들이 고객의 정보를 보호하는 것이 기업에게는 이익이기 때문에 고객정보 보호를 위해 노력을 다하고 있는 것이다.

우리나라도 현재 강화된 개인정보보호법이 있으나 여전히 충분한 주의 의무를 다한 경우에는 개인정보 유출 사고가 발생해도 기업들에게 면죄부를 주고 있다. 그러므로 지금보다 더 높은 벌금과 배상을 인정해야 한다. 적절한 조치에 대해서 포괄적으로 규정하여 기업보다는 소비자의 편에서 법률 개정이 필요하다.

이러한 법률 개정으로 단기적으로 기업들의 보안 관련 비용이 높아질 것이다. 기업들은 높아진 보안 관련 비용을 소비자에게 전가하려고 할 것이다. 엄격해진 개인정보 보호법은 제품이나 서비스의 가격을 올리기 때문에 소비자들이 더 비싼 값을 주고 제품이나 서비스를 구입해야 해서 소비자에게는 불리하다고 주장할 수도 있을 것이다. 그러나 장기적인 관점에서는 오히려 개인정보 유출로 인해서 발생하는 소비자 피해를 줄일뿐더러 보안 관련 기술이 더욱 발달하여 우리나라의 정보통신 기술을 세계적인 수준으로 향상시킬 수 있는 계기도 될 수 있을 것이다. 극단적으로 가격의 탄력성이 0이 아닌 이상 증가된 원가 전부를 소비자에게 전가하시는 불가능하기 때문에 소비자들이 가격 인상으로 발생하는 타격도 제한적일 것으로 예상한다.

호갱되기 싫어요!!!

미국에서 전자제품을 사기 가장 좋은 날은 매년 11월 마지막 목요일이다. 이날에는 미국의 대형쇼핑몰 앞에 고객들이 추위에도 불구하고 길게 줄을 서서 상점문이 열리기만을 기다린다. 미국 유통업체들은 이날 1년 매출액의 절반을 올린다. 블랙프라이데이는 그해에 생산된 재고를 소진하기 위해서 소비자들에게 정상가격대비 적게는 40% 많게는 90%까지 할인하는 날이다.

블랙프라이데이가 끝나고 돌아오는 월요일은 사이버 먼데이이다. 블랙프라이데이가 오프라인에서 대규모 할인을 해서 재고를 소진한다면 사이버 먼데이는 온라인 유통업체들이 대규모 할인을 해서 재고를 소진하는 날이다. 지금은 월마트, 타겟 같은 대형 유통업체들이 오프라인과 온라인을 같이 운영하기 때문에 블랙프라이데이에도 온라인상에서 오프라인과 유사한 할인 행사를 한다. 언제부터인가 우리나라 소비자들도 미국의 블랙프라이데이를 그동안 구매를 미뤄왔던 가전제품 같은 고가의 제품을 구입하는 날로 인식하고 있다.

인터넷이 발달하고 정보의 공유가 실시간으로 이루어지다 보니 전 세계 소비자들은 동일한 제품에 대한 가격정보를 손쉽게 비교할 수 있다. 게다가, 국제교류가 증가하며 물류비용도 같이 감소하여 지리적인 제약이 소비자의 구매를 막을 수 없다. 이러한 흐름으로 우리나라 소비자는 해외유통채널을 통해서 필요한 제품을 구입하는 경우가 많다. 이를 우리는 해외직접구입이라고 말하며 줄여서 '해외직구'라고 한다.

해외직구 현황

구분	2010년	2011년	2012년	2013년
건수(천건)	3,579	5,715	7,944	11,159
금액(억원)	2,742	4,823	7,072	10,400

(출처 : 해외직구 이용실태 및 개선방향, 한국소비자원 2014)

해외직구는 2010년 약 350만건에서 2013년 1,115만건으로 가파르게 증가하였으며 그 금액도 2013년에는 연간 1조원이 넘었다. 2017년에는 해외직구 금액이 2조원을 돌파하였다. 해외직구는 한국의 소비자들에게 저렴하게 제품을 구입하는 중요한 방법이 되었다. 해외직구가 증가하다 보니 한국인을 대상으로 하는 구매대행 혹은 배송대행 사업이 성행하고 있다. 국내 카드사들도 해외의 마스터카드나 비자카드와 제휴를 해서 손쉽게 해외 결제를 가능하게 하였다. 우리나라처럼 신용카드로 결제할 경우 공인인증서 없이도 자유로운 결제가 가능하여 우리나라 소비자들은 해외직구를 통해서 저렴하게 물건을 구입한다.

… 삼성, LG제품은 한국 대리점 대신 아마존에서 구입

해외직구를 통해서 국내 소비자들이 가장 많이 구매하는 제품 중의 하나는 우리나라 대표 전자회사인 삼성과 LG의 가전제품과 전자제품이다. 우리나라 제품이기 때문에 우리나라에서 구입하는 것이 더 저렴할 것 같지만 실상은 우리나라보다 미국에서 구입하는 것이 훨씬 저렴하다. 참고로 2017년 9월 19일 IT Chosun에 따르면 갤럭시 S8(64GB) 제품의 가격이 한국에서는 102만원이며 미국에서 중고폰 보상을 통해서 구입할 경우에는 50만원대에 구입할 수 있다고 보도하였다. 둘 다 언락폰에 대한 가격비교이다. 많은 소비자들이 최근에는 휴대폰까지 해외직구를 통해서 구입하고 있다.

한미 전자제품 가격비교

제품	미국	한국	가격 차이
삼성 46인치 LED TV	$1,679(193만원)	298만원	−105만원
삼성 55인치 LED TV	$3,260(375만원)	556만원	−181만원
LG 55인치 LED TV	$3,841(441만원)	556만원	−115만원
삼성노트북 R430	$691(79만원)	92만원	−13만원

(출처 : Koreadaily 2010년 5월 31일 기사)

비록 2010년의 자료이긴 하지만 TV의 가격 차이는 많게는 181만원이 난다. 관세, 배송비를 감안하더라도 같은 제품을 우리나라에서 구입하는 것보다 미국에서 구입하는 것이 훨씬 저렴하다. 이 같은 가격 차이에 대해서 국내 가전업체들은 A/S 기간이 미국에서는 1년이지만 한국에서는 2년이고 한국에서는 설치와 운송비가 가격에 포함되어 있기 때문에 미국보다 비싸다고 주장한다. 그렇다 할지라도 최대 40%의 가격 차이가 A/S기간, 설치, 운송비의 차이라고 보기에는 너무나도 크다.

최근에는 이러한 가격 차이가 미국이라는 시장에서 기인한다고 한다. 미국 시장은 한국보다 더 크기 때문에 낮은 마진으로 많이 파는게 유리하다고 한다. 게다가, 미국은 전 세계 가전메이커들의 경쟁장소이기 때문에 경쟁이 치열하여 가격이 다소 낮아질 수 있다고 해명하고 있다. 충분히 수긍이 가능한 말이다. 그러나 소비자 입장에서는 그러한 설명이 수긍이 갈지라도 한국보다 미국에서 같은 제품을 구입하는 것이 더욱 저렴하기 때문에 여전히 해외직구는 소비자들이 애용하는 구매방식이고 매년 해외직구의 비중이 커지고 있다.

해외직구를 통해서 가전제품뿐만 아니라 의류, 신발, 건강보조식품 등 다양한 제품을 구매한다. 해외제품이 국내제품보다 비싼 경우도 있지만 대부분은 해외제품이 국내제품보다 적게는 20%에서 많게는 40% 이상 저렴

하다. 의류의 경우 GAP, POLO 같은 브랜드들이 한국에서는 고가제품으로 인식되지만 미국에서는 중저가 수준으로 인식되어서 미국 내 가격이 한국의 가격보다 더 저렴하다. 노트북도 비단 삼성, LG뿐만 아니라 ASUS, TOSHIBA 같은 해외 브랜드들이 한국보다 많게는 50% 이상 저렴하기 때문에 많은 국내 소비자들은 해외직구를 통해서 제품을 구입하려고 한다.

해외브랜드 중소형 생활가전 국내외 판매가격 비교결과

품목	브랜드	국가	해외가격(원)	국내가격(원)	가격 차이
진공청소기	다이슨	미국	642,647	817,216	-21.4%
블랜더	키친에이드	프랑스	294,781	454,090	-35.1%
커피머신	네스프레소	미국	133,416	170,942	-22.0%

품목	브랜드	국가	해외가격(원)	국내가격(원)	가격 차이
토스트기	드롱기	독일	168,347	109,472	+53.8%
전기포트	드롱기	독일	115,003	120,712	-4.7%

(출처 : 한국소비자원 보도자료, 2016년 12월 29일)

우리나라의 소득수준이 높아지고 기업들이 글로벌화되면서 선진국에 장기체류하는 사람들이 많아지고 있다. 이들이 고국에 돌아와서 현지와 같은 브랜드가 우리나라에서 더 비싸게 파는 것을 느끼고 좀 더 합리적인 소비를 위해서 해외직구를 하는 경우가 많아졌다. 이러한 영향으로 지금은 젊은소비층을 넘어 중년과 노년의 소비자들조차도 해외직구를 통해 제품을 구입하는 비율이 늘고 있다.

해외직구가 가격이 저렴하다는 장점이 있으나 제품에 대한 문제가 발생했을 경우 교환이나 환불이 어렵다는 단점도 있다. A/S도 같은 제품이라 할지라도 우리나라에서는 무상으로 되지 않는 경우도 있다. 제품 운송 중에 제품이 파손되는 경우도 많이 발생한다. 이러한 불편함이 있다 하더라도 소비자들은 이 모든 것을 감수하면서까지 해외직구를 하고 있다. 왜냐하면 국내와 해외의 가격 차이가 이러한 불편을 감수할 정도로 충분히 크기 때문이다.

··· 직구하기 좋은 날

우리나라 소비자들은 주로 미국 쇼핑몰을 통해서 해외직구를 한
다. 일반적으로 미국은 블랙프라이데이가 가장 쇼핑하기 좋은 시기
로 알고 있는데, 미국 유통업체들은 소비자들이 더 많이 제품을 구
입할 수 있도록 잦은 세일을 하고 있다.

미국 주요 세일기간

월	세일시즌	기간	특징
1월	신년세일	1월 1일 전후 (약 1–2주)	겨울상품 정리
	마틴루터킹	1월 세 번째 일요일	
2월	발렌타인데이	일주일 전 ~ 당일 (2/14)	선물용품
	프레지던트데이	세 번째 일요일 (약 3–4일)	가정용품
3월	성 패트릭데이	3월 17일 전후	
4월	부활절	3월 말 4월 초	
5월	어머니날	일주일 전 ~ 둘째 주 일요일	
	메모리얼데이	일주일 전 ~ 마지막 주 월요일	
6월	아버지날	일주일 전 ~ 둘째 주 일요일	
7월	독립기념일	일주일 전 ~ 당일(7/4)	상반기 전 제품
8월	신학기세일	8월 중순 ~ 9월 초	학용품
9월	노동자의 날	일주일 전 ~ 첫째 주 월요일	여름시즌 마감세일

월	세일시즌	기간	특징
10월	콜럼버스데이	둘째 주 일요일	
	할로윈	31일 전후	
	추수감사절	넷째 주 목요일	가을상품 정리
11월	블랙프라이데이	넷째 주 금요일	전 제품
	사이버먼데이	블랙프라이데이 다음 월요일	전 제품
12월	크리스마스 세일	추수감사절 ~ 크리스마스	전 제품
	애프터크리스 마스	26일 하루	

(출처 : 해외직구 이용실태 및 개선방안, 한국소비자원, 2014)

연중 세일을 많이 하지만 특히 블래프라이데이, 사이버먼데이, 신년세일이 가장 큰 폭의 세일을 한다. 이 기간에 미국에서 유통되는 가전제품을 가장 저렴하게 구매할 수 있다. 이러한 큰 폭의 가격 차이 때문에 젊은 소비자들 사이에서는 가전제품, 해외의류 같은 품목들은 국내에서 구입하면 '호갱'이라는 소리를 한다.

… 이웃 일본도 우리나라와 같을까?

소니 같은 일본의 전자회사들도 우리나라의 대형 전자회사들과 그 제조방식과 판매방식은 별반 다르지 않다. 2014년 한 언론보도에 따르면 일본 소니의 50인치 스마트 LED TV의 일본 가격은 한화로 약 127만원이었다. 동일한 모델이 미국에서는 약 107만원에 팔렸다. 미국이 20만원이 더 저렴하지만 배송비, 관세, 부과세를 계산하면 미국에서 구입하는 것보다 일본에서 구입하는 것이 더 저렴하다고 한다. 다른 고가제품들도 비교했지만 미국에서 팔리는 동일 제품이 더 비싼 경우도 있었다. 일본 시장과 미국 시장에서 동일제품에 대한 가격 차이가 나더라도 배송비나 각종 세금을 감안할 경우 전반적으로 일본시장에서 구입하는 것이 미국에서 구입하는 것보다 유리하였다.

아직까지 우리나라에서 팔리는 전자제품과 미국에서 팔리는 동일한 전자제품에 대한 가격 차이가 이렇게 크게 나는지에 대해서 해당 제조사들은 소비자들이 납득할 만한 설명을 내놓지 못하고 있다. 국내에서 팔리는 제품과 해외에서 팔리는 제품의 가격 차이는 서로 다

똑똑한 소비자 되기

른 시장이기 때문에 기업 입장에서는 최대한의 이익을 얻기 위해 가격차별화를 하는 것으로 이해할 수 있다.

경제학에서 말하는 소비의 가격탄력성이라는 개념을 이해하면 이를 쉽게 이해할 수 있다. 소비의 가격탄력성은 물건의 가격이 증가할 때 수요가 얼마나 감소하는지 그 비율을 보는 것이다. 같은 제품이라 할지라도 대체제가 많다면 소비의 가격탄력성은 증가한다. 즉, 제품의 가격이 증가하면 증가한 제품 가격보다 더 많은 소비가 감소한다는 것이다. 상대적으로 미국시장에는 소비자 입장에서 다양한 전자제품을 구입할 수 있기 때문에 소비의 가격탄력성이 높은 반면 국내시장에서는 전자제품에 대한 선택의 폭이 제한되어 소비의 가격탄력성이 낮다고 볼 수 있다. 이러한 상황에서 기업의 이윤을 최대한 확보하기 위해서 기업들은 미국 시장에서는 낮은 가격정책을 통해 박리다매를 하고 있고 국내에서는 높은 가격정책을 통해 수익을 더 많이 취한다고 생각할 수 있다.

다른 한편으로는 우리나라 소비자들이 합리적인 소비를 하지 않는다는 데에 문제가 있을 수도 있다. 국내 소비자들은 해외제품이라면 다 좋은 제품이라고 생각하는 경향이 있다. 그래서 해외 전자브랜드들도 국내에 진출하면 자국에서 판매하는 것보다 더 비싼 가격정책을 우리나라에서 실행하는 경우도 종종 있다. 그러한 이유 때문에 우리나라 소비자들은 가격에 있어 선택 대안이 좁아질 수 있어서 올

며 겨자 먹기로 동일한 제품을 해외보다 더 비싼 가격에 구입하는 상
황이 발생한다.

질소를 사면 과자가 덤으로!!!

한겨레 신문은 2014년 9월 28일자 기사에 대학생 두 명이 뗏목을 만들어서 한강을 건너는 일을 흥미롭게 보도했다. 단순히 보트를 통해서 한강을 건넜다면 이처럼 관심을 갖지 않았을 것이다. 이들은 감자칩 등 실제 과자 봉지 160개(18만원어치)를 이용하여 뗏목을 만들어서 한강을 횡단하였다. 그들은 제과 기업들의 과대포장을 비판하는 퍼포먼스를 하기 위해 이러한 행사를 벌었다.

　제과업계의 과대포장이 문제가 되면서 과자를 구입하면 과자보다 그 과자를 보호하기 위한 포장용 질소가 더 많은 공간을 차지하고 있다. 그래서 질소를 사면 과자를 덤으로 준다는 우스갯소리도 있다. 과자의 과대포장이 주요 사회이슈로 떠오른 것은 2013년부터이다. 제과기업 입장에서 보면 원재료 가격은 상승하는데 가격을 올리기가 쉽지 않아서 이에 대한 대응책으로 포장은 유지하면서 내용물을 줄이는 방법을 선택하였다고 볼 수도 있다. 그러나 이것이 지속적으로 문제가 되면서 대표적인 소비자 불만 사항으로 떠올랐다.

　다음의 표는 대표적으로 과대포장을 많이 한 10개의 과자이다. 1위는 오리온의 마켓오 리얼브라우니로 포장에서 과자가 차지하는 비율은 약 16.8%이다. 즉 빈 공간이 83.2%나 차지하고 있다. 1위부터 10위까지의 과자별 빈 공간 순위를 보면 오리온, 롯데제과, 크라운제과로 국내의 주요 제과기업이다. 이는 어떤 특정 제과기업만 과대포장을 하는 것이 아니라 제과업 전반에 걸쳐서 과대포장이 이루어진다고 볼 수 있다.

과자별 빈 공간 순위, 2014년 1월 14일 기준

순위	업체명	제품명	실제 빈 공간
1위	오리온	마켓오 리얼브라우니	83.2%
2위	롯데제과	갸또화이트	80.7%
3위	오리온	마켓오 리얼초콜릿 클래식 미니	77.6%
4위	크라운제과	쿠크다스	77.1%
5위	해태제과	계란과자	76.2%
6위	오리온	참붕어빵	72.3%
7위	크라운제과	쵸코하임	72.0%
8위	롯데제과	칙촉	70.0%
9위	오리온	고소미	69.7%
10위	롯데제과	엄마손파이	69%

(출처 : 컨슈머리서치 - 과자포장 '뻥'도 넘어)

　위의 표처럼 숫자로 표시했을 경우 독자들은 과대포장의 정도가 얼마나 심한지 잘 모를 수가 있다. 다음 사진은 순위에는 없지만 '오데뜨'라는 과자의 포장이다. 포장과 내용물의 비율로 보았을 경우 '오데뜨'는 빈 공간이 약 80% 수준을 차지하는 것처럼 보인다.

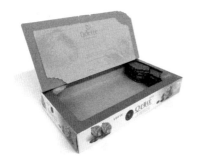

(출처 : http://ozrank.co.kr/84 재인용)

　이 같은 과대포장은 소비자를 기만할 뿐만 아니라 과도한 포장지를 사용함으로써 자원의 낭비와 환경오염을 초래할 수 있다. 제과기업들은 한결같이 이에 대한 변명으로 포장공간이 좁을 경우 과자가 부서지기 때문에 내용물을 잘 보존하기 위해서 포장에 더욱 신경 쓴다고 한다. 그러나 실상은 제과기업들이 신제품을 출시하거나 기존제품의 가격을 올릴 때 포장을 바꾸면서 과대포장을 하는 경향이 있다. 그 결과 기업들은 대체로 과거보다 더 많은 이익을 얻을 수 있다.

오리온 경영성과

(백만원)	2013	2014	2015	2016
매출액	2,485,196	2,199,788	2,382,377	2,386,269
영업이익	259,481	248,872	299,320	326,247
%	10.4%	11.3%	12.6%	13.7%

(출처 : 전자공시 시스템)

　　오리온은 2013년 매출액 약 2.5조원, 영업이익 2,600억원으로 영업이익률 10.4%를 달성하였다. 2014년, 2015년, 2016년에는 영업이익률이 각각 11.3%, 12.6%, 13.7%를 달성하였다. 2017년 6월에 오리온은 오리온과 오리온 홀딩스로 분할하여 2017년 이후의 실적과 이전의 실적의 직접적인 비교는 하기가 어렵다. 어찌 됐든 오리온의 매출액은 다소 감소하였으나 수익성이 꾸준히 증가하고 있다고 볼 수 있다.

롯데지주 경영성과

(백만원)	2013	2014	2015	2016
매출액	1,976,367	2,224,765	2,257,941	2,248,263
영업이익	91,537	114,770	144,462	127,769
%	4.6%	5.2%	6.4%	5.7%

(출처 : 전자공시 시스템)

롯데제과는 2017년 10월 1일자로 롯데지주와 롯데제과로 분할되었다. 위의 손익은 롯데지주의 과거 손익이다. 2013년 매출액 약 1.9조원, 영업이익 약 915억원을 기록하였다. 이후 꾸준히 성장하여 2016년에는 매출액 약 2.3조원, 영업이익 1,277억원을 기록하였고 영업이익률도 5.7%를 달성하였다.

크라운해태 홀딩스 경영성과

(백만원)	2013	2014	2015	2016
매출액	428,762	420,760	430,980	418,061
영업이익	34,881	35,619	37,968	28,269
%	8.1%	8.5%	8.8%	6.8%

(출처 : 전자공시 시스템)

크라운제과는 2017년 3월 1일자로 크라운해태 홀딩스와 크라운제과로 분할하였다. 과거의 크라운제과는 크라운해태 홀딩스로 보면 된다. 2013년부터 2016년까지 매출액은 4,000억원 이상을 유지했으며 2016년을 제외하고는 영업이익이 약 350억원 내외를 달성하였고 영업이익률도 8% 이상을 달성하였다.

주요 제과기업들의 경영성과를 통해 보았을 경우 과대포장이 이슈가 된 시점과 이들의 이익이 증가된 시점이 비슷하다. 과대포장은 결국 제품에 대한 보호라는 측면도 존재하지만 기업의 이익을 증가시키기 위한 하나의 방법이라고 볼 수도 있다.

과자류의 포장방법은 '자원의 절약과 재활용촉진에 관한 법률'에서 규제하고 있다. 세부적인 방법은 환경부령인 '제품의 포장재질, 포장방법에 관한 기준 등에 관한 규칙'에서 규정하고 있다. 이 규칙은 제품의 종류별 포장 횟수 및 포장방법에 대해서 기준을 제시한다. 일반적으로 제과류에 한해서는 포장공간비율이 20% 이하이며 포장횟수는 2번 이하로 규정하고 있다. 그러나 이에 대한 예외규정이 많아서 과대포장을 제재하기는 어렵다.

대표적인 과대포장 방법은 질소충전이다. 과자류는 부서지기 쉽기 때문에 질소를 충전하여 내용물을 보전한다. 과자가 산소와 결합하면 과자 내에 있는 지방이 산패되어 내용물이 변질될 가능성이 높기 때문에 질소포장이 필요하다. 질소충전 외에 완충재나 받침접시를 사용하여 포장하는 방법이 있다. 이들은 완충재의 역할과 용기의 역할을 한다. 과대포장은 소비자들에게 디자인 효과를 주면서 기업의 마케팅 효과를 극대화하기 위해 자주 행해지는데 이러한 복합적인 원인들이 결합하여 과대포장이라는 결과로 나타난다.

과대포장을 줄이려면 포장에 대해서 소비자에게 충분한 정보를 제공해야 한다. 기존 규제는 포장재의 종류와 그 안에 들어있는 실제적인 내용물의 양에 대한 정보를 제공한다. 현재보다 더 구체적으로 내용물이 전체 포장에서 차지하는 비율, 포장방법 등에 대한 정보도 제공해야 소비자들이 과대포장인지 아닌지 알고 합리적인 선택을 할 수 있다.

… 해외는 어떠한가?

해외 주요 과자의 빈 공간 비율

Percent of Air per Bag of Chips

Cheetos	Ruffles	Stacy's Pita Chips	TERRA	Doritos	Kettle Brand	Cape Cod
59% Air	50% Air	50% Air	49% Air	48% Air	47% Air	46% Air

Popchips	Lays	Sun Chips	Lays Baked	Tostitos Scoops	Pringles	Fritos
45% Air	41% Air	41% Air	39% Air	34% Air	28% Air	19% Air

43%
Average amount of air in a bag of chips

(출처 : 파이낸셜 뉴스, 2018년 7월 12일자 자료 변형)

과자류의 과대포장이 해외에서도 여전히 이슈다. 2018년 7월 12일 파이낸셜 뉴스를 보면 해외 과자의 경우 질소가 전체 포장에서 차지하는 비율이 평균적으로 43%이다. 해외에서도 과대포장을 해결하고 싶지만 정부에서 인위적으로 포장에서 차지하는 내용물의 비중을 일정 비율 올리는 식으로 규제할 수는 없다. 마땅한 해결 방안이 없어서 소비자들이 제품을 구입할 때 신중해야 하고 제과기업들도 과대포장 관행을 버려야 한다는 식의 원론적인 방법만 있는 상태이다.

… 과대포장은 해결 불가능한 문제인가?

국내나 해외 모두가 과대포장으로 소비자가 만족스러운 소비를 하지 못하는 상황이다. 이 경우 소비자들은 지속적으로 만족스러운 소비를 하지 못할까? 전 세계적으로 수많은 제과기업들이 있다. 그들이 하나같이 단합을 하지 않는다면 그중에서는 소비자에게 더 많이 팔고 싶어하는 기업이 있을 것이다. 그러한 기업은 소비자들이 과대포장하는 제과기업에 대해서 안 좋은 시각을 갖고 있다는 것을 알고 그 틈을 겨냥해서 과대포장 관행을 바꿀 수도 있다. 즉 활발한 경쟁을 통해서 소비자가 혜택을 받을 수 있다.

메이커별 질소비율

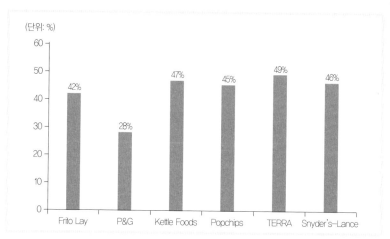

(출처 : 파이낸셜 뉴스, 2018년 7월 12일자 자료 변형)

위의 그림에서 보면 P&G의 제품에서는 질소가 전체 공간을 단지 28%만 차지한다. 이는 다른 기업의 제품에서 질소가 차지하는 비율 40% 이상과 비교하면 매우 낮은 수치이다. 경쟁을 활발하게 하면 P&G 같은 기업들이 하나둘 더 생겨날 것이다. 우리나라도 과자수입에 대해서 적극 장려한다면 해외기업과 국내기업의 경쟁을 통해서 과대포장 문제는 상당 부분 해소될 수 있을 것이다. 동일한 제품에 대해서 더 많은 내용물이 들어있고 가격이 똑같다면 소비자들이 어떤 선택을 하겠는가? 조선일보 2018년 5월 22일 기사를 보면 국내과자와 해외과자의 포장에 대해서 비교했는데 캐나다에서 팔리는 오레오가 국내에서 팔리는 오레오보다 14개 더 들어있다. 가격으로 환산해도 한국에서 팔리는 오레오는 1개당 110원이었고 캐나다에서 팔리는 오레오는 1개당 86원으로 우리나라보다 저렴하게 오레오를 팔고 있다.

국내, 해외 과자포장 비교

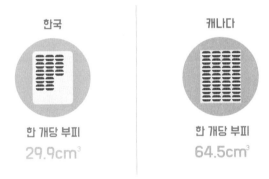

(출처 : 조선일보 2018년 5월 22일기사, 자료 변형)

음식이라는 것이 문화 차이가 큰 소비재이지만 글로벌화가 급격히 진행되면서 각 국가 간의 입맛도 동조화되는 경향이 있다. 미국 소비자와 마찬가지로 우리나라 소비자들도 맥도날드를 좋아하는 소비자가 많다. 이처럼 입맛도 유사해지기 때문에 해외 과자류의 수입이 증가한다면 우리나라 소비자들도 해외 과자의 소비를 늘리고 이에 대응하기 위해서 국내 과자업계도 소비자의 선택을 받기 위해 과대포장 문제를 최소화할 것으로 예상한다.

21세기 봉이 김선달

봉이 김선달은 조선 말기 평양에 살았다는 희대의 사기꾼이다. 대표적인 일화가 대동강 물을 판 것이다. 이를 위해 사전에 물 지게꾼들에게 돈을 준 후에 물을 퍼갈 때마다 물지게꾼이 봉이 김선달에게 물을 돈을 주고 사는 것처럼 보이게 했다. 이를 상인들에게 보여주면서 대동강 물을 비싸게 상인들에게 팔았다. 이러한 일화로 봉이 김선달은 사기꾼의 대명사가 되었다.

21세기인 지금도 봉이 김선달이 대동강 물을 파는 행위가 우리나라 피서지 곳곳에서 발생하고 있다. 필자는 이들을 현대판 봉이 김선달이라고 부르고 싶다. 매년 여름만 되면 우리는 매스컴에서 피서지 바가지에 대한 뉴스를 심심치 않게 접한다. 이 뉴스는 30년 전에도 필자가 접했고 30년이 흐른 지금에도 매년 여름철만 되면 나오는 뉴스이다. 피서지 바가지 뉴스를 볼 때마다 이 문제는 과연 해결할 수 없는 것인지 의아하기만 했다.

(출처 : 2016년 8월 6일 SBS뉴스,
http://news.sbs.co.kr/news/endPage.do?news_id=N1003717663)

2016년 8월 SBS는 계곡 바가지 요금에 대해서 보도하였다. 취재진이 남양주의 한 계곡으로 취재를 갔고 그곳의 상인들은 자신들이 계곡에 펼쳐 놓은 평상을 사용하기 위해서는 자신들의 음식점에서 음식을 사 먹든가 평상사용료를 별도로 내라고 하였다. 이를 거부할 경우에는 막무가내로 피서객들을 계곡 밖으로 내쫓았다.

위의 뉴스기사는 엄밀히 이야기하면 계곡은 국가소유이기 때문에 대한민국 국민이라면 누구나 이를 허용된 범위에서 자유롭게 이용할 수 있다. 그러나 계곡내 상점주인은 계곡에 불법으로 평상을 설치하고 이를 피서객들에게 돈을 주고 사용할 것을 강요하였다. 피서객들이 돈을 지불할 수 없다면 금방 계곡의 상인들과 실랑이가 벌어져서 피서객은 피서 온 기분을 망치지 않기 위해 울며 겨자 먹기로 돈을 지출해야 했다.

계곡 내 불법평상

매년 해당 지자체는 단속을 하지만 단속이 일시적이라고 항변할 뿐이다. 즉, 단속을 나가면 상인들은 이미 계곡에서 평상을 철거했기

때문에 이들을 제재할 근거가 없다고 한다. 보통 1차로 적발이 되면 불법이라는 사실을 업주에게 명시하고 2차 적발이 되면 계고장을 발부한다. 그럼에도 불구하고 해결이 안되면 이들을 검찰에 고발한다. 검찰에서도 이들에게 50-200만원 정도의 과태료를 부과하는 것으로 끝난다. 그러므로 계곡에 있는 상인들 입장에서는 불법적인 장사로 인해서 얻는 수익이 지급하는 과태료보다 월등하게 높기 때문에 이러한 현상이 매년 발생하는 것이다.

이러한 불법적인 일이 지속적으로 발생하면 우리나라 소비자들은 국내여행을 줄이고 상대적으로 바가지가 없거나 약한 해외로 눈길을 돌릴 것이다. 단기적으로 상인들은 바가지를 통해서 이익을 얻을 수 있지만 장기적으로 보았을 경우 소비자에게 신뢰를 잃어 상인들도 손해가 될 것이다. 2017년 8월 18일 중앙일보 기사에 따르면 직장인 10명 중 6명은 해외여행을 선호한다고 하였다. 해외여행을 선호하는 이유는 국내여행과 가격 차이가 크지 않기 때문이라고 한다. 국내의 이러한 바가지 현상으로 인터넷에서는 돈 많은 사람은 국내여행을 떠나고 돈 없는 사람은 해외여행을 떠난다는 말까지 있다.

… 해외는 어떠한가?

해외도 분명히 성수기나 주요 관광지에는 바가지요금이 있다. 필자가 이에 대한 통계나 조사자료를 확보하지는 못했으나 필자의 경험으로 비추어 본다면 분명히 바가지요금이 존재한다. 2014년에 필자는 미국의 그랜드캐년을 방문하였다. 달라스에서 그랜드캐년까지 자동차로 이동 중에 숙박을 하는 경우가 있었는데 평균적인 숙박료는 1박에 약 $50 정도였다. 그랜드캐년에 도착하자 주변의 숙박요금은 호텔이 허름한데도 불구하고 1박에 $70이 넘었다. 국립공원 안에 있는 숙박시설의 숙박료는 1박에 $200도 넘었다. 숙박료뿐만 아니라 주변의 음식값도 다소 비쌌다. 레스토랑에서 점심 한 끼를 먹는데 보통 1인당 $10 이내이나 그랜드캐년 주변의 식당에서는 1인당 $13 수준으로 비쌌다. 그러나 편의점, 월마트 등에서 파는 물건은 어디를 가나 동일했다.

이외에도 유학시절에 전국의 관광명소를 방학 때마다 돌아다녔다. 관광지와 관광지가 아닌 곳의 물가 차이는 분명히 존재했다. 그러나 그 차이가 너무 커서 거부감이 생길 정도는 아니었다. 대략 필자의 동네에 비해서 20-30% 높은 수준이었다. 휘발유 가격도 사막 한 가운데에 있는 주유소의 경우 대도시의 주유소보다 약 20% 높은 수준에 팔았다. 당연히 수요가 많고 공급이 제한되면 가격은 올라가는 것이 맞다. 그러나 그 오름의 폭이 너무 과도할 경우 수요자는 소비를 포기할 수도 있다.

우리나라에서 발생하는 피서지의 가격횡포는 수요자가 소비를 포기할 정도로 높은 가격인상이다. 더구나 그 가격인상의 상당 부분이 불법적인 행위로 인해서 발생한다. 상인들이 제공하는 제품과 서비스에 대해서 정당성이 없는 상황에서 발생하는 가격인상이기 때문에 소비자들의 반발은 더욱 거세지고 다음부터는 그 피서지에 가지 않게 된다.

… 해결방법은?

우리나라에서 여름철에 주로 발생하는 피서지의 바가지요금 현상은 해결 불가능한 문제는 아니다. 대부분의 지자체는 7월 초에 불법영업 음식점을 단속하고 8월 초에 1차 계고장을 발부한다. 그리고 10여 일 간 유예기간을 둔다. 그리고 8월 중순에 다시 단속을 하고 2차 계고장을 발부하고 개선되지 않았으면 형사고발을 한다. 그러면 고발된 음식점은 수십만원에서 수백만원의 벌금에 처해진다. 이 패턴을 상인 입장에서 보면 여름철 장사가 끝난 이후에 벌금을 내기 때문에 불법행위로 인해서 얻는 소득이 벌금으로 인해 납부하는 돈보다 월등히 높다. 어떤 음식점 상인은 1일 1,000만원도 번다고 한다. 벌금이 수백만원이 고작이기 때문에 상인들 입장에서는 벌금을 내고 여전히 불법 영업을 한다.

이러한 문제를 해결한 모범사례로 전북 진안군이 있다. 2012년부터 전북 진안군은 7월부터 관내 관광지를 일제 단속하고 불법평상 250 개를 일제히 철거하였다. 그리고 철거된 이후에 새로 설치한 불법평 상에 대해서도 자진철거를 유도하고 계고장을 발부하였다. 그리고 계 고장 발부 5일 만에 강제철거를 하고 공무원, 경찰이 수시로 단속하 여 불법영업을 상당 부분 해결하였다. 즉 의지만 있다면 불법영업을 줄일 수 있다.

불법 바가지 영업은 주요한 사회문제가 되었으며 정부 차원에서는 지금보다 더 강력한 제재가 필요하다. 지금은 벌금규정만 있으나 이 벌금도 금액을 높이고 벌금에서 그치지 않고 불법 바가지 영업을 한 업주에게 징역형 등 지금보다 더 강력한 처벌이 이루어진다면 휴가 철 불법 바가지요금은 상당 부분 사라질 것이다. 정부에서 이렇게 강 제적으로 제재하기 전에 해당 상인들과 지자체가 합리적인 수준에서 요금을 정하고 이를 관내 상인들에게 계도한다면 원만히 해결할 수 있는 문제이다. 상인들도 피서철에 오는 손님을 한철 손님으로 보지 않고 이들이 끊임없이 자신들에게 찾아올 수 있게 해야 한다.

마음에 안 드는 물건 환불받기

우리나라 소비자들은 누구나 한 번쯤 환불을 요청할 때 어떻게 변명을 할까 고민을 해봤을 것이다. 특히 옷을 샀을 경우 네임태그를 제거하면 환불이 안 되는 것을 경험해 보았을 것이다. 이뿐만 아니라 장난감, 가전제품 등 구입할 때는 소비자를 왕처럼 대하다가도 마음에 안 들어서 이를 환불할 경우에는 소비자가 죄지은 사람처럼 조심스럽게 판매자에게 부탁해야 한다.

소비자가 제품을 구매하고 마음에 안 들 경우 판매자에게 요구하는 방법은 교환과 환불이라는 방법이 있다. 인터넷 쇼핑몰을 통해서 구입한 경우 통상 제품을 수령한 후 7일 이내에 교환과 환불이 가능하다. 단 소비자가 구매한 제품이 소비자에 의해서 파손되거나 멸실되지 않아야 한다. 즉 소비자의 잘못으로 제품이 못쓰게 되면 수령후 7일 이내라도 환불이나 교환을 받을 수 없다. 오프라인에서는 제품에 대한 하자가 없다면 소비자가 교환이나 환불을 요구할 수 있는 규정이 미비하여 이는 판매자와 구매자 간의 합의로 해결되는 경우가 많다. 반대로 제품에 하자가 있다면 소비자는 대체로 환불을 받을 수 있다.

··· 해외의 환불 사례

미국 유학생활 초기에 있었던 에피소드이다. 필자는 2010년에 처음으로 미국땅을 밟아 보았다. 학기가 시작되기 전에 살 집을 구했고 필요한 제품을 사야 했다. 식기와 가전제품, 옷 등 모든 살림살이가 필요한 상태였다. 월마트에 가서 이것저것 제품을 살 때마다 매우 망설여졌다. 과연 이 제품이 필자에게 필요한지 아닌지에 대해서 고민됐기 때문이다. 그중에서도 전자제품을 살 때 그 망설임의 정도가 가장 컸다. 과연 제대로 된 성능이 나오는지, 너무 비싸게 주고 사는 건 아닌지 등등 여러 가지 생각이 교차하였다. 그러나 생활을 하기 위해서는 일단 사고 봐야 했다. 밥통을 하나 샀는데, 밥이 우리나라에서 지어먹는 것과 너무 맛이 달랐고 밥통에 대해서 불만이 이만저만이 아니었다. 이러한 고민을 한인학생회 회장에게 말하니, 학생회회장은 구매한 영수증이 있냐고 물어보고 있으면 반품해서 환불받으라고 했다. 그게 가능하냐고 물어보니 미국에서는 보통 2개월 안에 구입한 물건은 이유불문하고 환불이 가능하다고 했다. 필자는 그 말을 듣고 월마트에 가서 환불 요청을 했다. 환불할 때 왜 환불해야 하는지 물어볼 경우를 대비해서 영어로 문장까지 외워갔으나 환불 담당자는 묻지도 따지지도 않고 바로 환불을 해 주었다.

미국은 보통 물건을 구매할 때 환불 규정이 영수증에 표시되어 있다. 미국의 대표적인 소매 체인점인 월마트의 경우 구매 후 2개월 이내에는 대부분의 품목이 단순 변심일지라도 환불이 가능하였다. 그 사실을 알고 난 후 필자는 마음 놓고 제품을 구매할 수가 있었다.

미국에서 판매자가 제품을 팔 때는 워런티(Warranty)와 개런티(Guarantee)를 한다. 워런티는 제품의 하자가 발생했을 경우 생산자 혹은 판매자가 환불을 보증하는 것이다. 개런티는 제품에 하자가 없다 할지라도 즉, 구매자의 단순변심일지라도 판매자나 생산자는 환불을 보증하는 것이다. 미국에서는 워런티와 개런티가 동시에 되기 때문에 소비자 입장에서는 마음 놓고 구매할 수가 있다.

영국에서는 판매자가 판매하는 상품이 합리적인 내구성과 품질을 만족시켜야 한다. 그리고 제품 겉면에 표시한 성능을 발휘해야 하고 제품이 목적에 적합해야 한다. 이러한 조건이 일치되지 않았을 경우 소비자는 판매자에게 환불을 요청할 수 있다. 우리나라보다 소비자의 환불에 대해서 넓은 기준을 제시하기 때문에 소비자는 부담 없이 제품을 구매할 수 있다.

일본에서는 제품을 구입할 때 판매자가 구매자에게 이익이 되는 부분과 불이익이 되는 부분을 고지해야 한다. 만약 이러한 고지를 구매자가 오인했다 할지라도 구매자는 제품 환불을 요청할 수 있다. 즉 구매자의 불만으로 환불이 가능한 제도를 유지하고 있는 것이다.

경제적 선진국들은 소비자의 권리를 생산자나 판매자의 권리보다 앞서 놓고 있다. 이들은 우리나라보다 소비자들의 권익을 적극적으로 보호하고 있다.

··· 왜 해외는 쉬운 환불 제도를 선택할까?

생산자가 만든 제품의 환불이 쉽게 되면 고스란히 생산자에게 부담이 된다. 단순한 변심으로 인해서 물건이 반품되고 환불이 된다면 이를 판매한 판매자는 물론 생산자 역시 언제 들어올지 모를 반품에 대해서 대비해야 한다. 이는 기업 입장에서는 부담이며 곧 원가상승의 결과로 이어진다. 그럼에도 불구하고 선진국에서 소비자에게 쉬운 환불 정책을 하는 것은 소비자와 판매자 모두에게 이득이기 때문에 하는 것이다.

쉬운 환불로 인해서 소비자는 편리한 소비를 할 수 있으며 생산자가 만든 제품에 대해서 쉽게 사용할 수 있다. 그로 인해서 소비자들의 소비가 촉진될 수 있고 이는 기업의 이윤으로 연결될 수 있다. 기업 입장에서도 쉬운 환불 정책이 부담으로 이어질 수 있지만 고객만족을 통해서 장기적으로는 기업의 이미지 제고로 이어져서 소비자들의 더 많은 선택을 받을 수 있게 될 것이다.

많이 환불하는 목록에 대해서 기업들이 조사해서 소비자들이 어떠한 제품을 원하는지 알 수 있고 그러한 제품이 만들어져서 사회 전체적으로 후생이 극대화될 수 있다. 환불이 어려우면 소비자는 마음대로 제품을 구입해서 사용할 수 없고 생산자 역시 자신들의 제품이 소비자들에게 만족을 주는지 알 수 없다. 소비자들의 환불을 통해서 생산자는 소비자들이 자사 제품에 대해서 만족하는지 불만족하는지 알기 때문에 소비자들의 선택을 제품개발에 반영해서 소비자들이 원하는 제품을 더 잘 만들 수 있게 된다.

물론, 블랙컨슈머들은 이러한 쉬운 환불제도를 악용할 수도 있다. 일단 구입하고 사용하다가 환불하고 다시 구입하고 환불하는 패턴을 통해서 자신의 이익만을 극대화할 수 있다. 단적으로 필자가 미국생활에서 들은 어떤 이야기가 있다. 어떤 한국학생이 라스베가스에 비행기를 타고 놀러 갔는데 그곳에서 오토바이를 구입하여 사용하였고 2주간 사용한 후에 다시 집으로 돌아오기 전에 오토바이를 환불했다는 이야기였다. 이처럼 정말 필요하지만 이러한 제도를 악용하여 소비하는 사례도 심심치 않게 볼 수 있다. 이러한 소비자가 늘어갈수록 이를 감안하여 기업은 더 높은 가격을 책정할 것이고 이러한 피해는 결국 선량한 소비자에게 돌아갈 수도 있다.

기업들도 이러한 것들을 알기 때문에 소비자들의 구매패턴을 데이터화 해서 그들의 패턴을 분석한다. 의도적으로 환불이 많은 소비자의 경우 판매자 입장에서도 주의 깊게 관찰하고 극단적으로 그들에게는 판매하지 않을 수도 있다. 그리고 그러한 소비자들이 있다면 선량한 소비자들과 비교해서 판매자들이 더 적은 판매 혜택을 선별적으로 줄 수도 있다. 즉 우량 고객에게는 많은 할인 쿠폰을 제공하더라도 불량고객에게는 더 적은 할인 쿠폰을 제공하면서 두 고객을 차별화할 수 있다. 이를 통해 판매자는 판매가격 인상을 저지하고 어떤 고객이 더 우량고객이고 어떤 고객이 더 불량고객인지 알아서 우량고객들이 원하는 제품에 더 많은 노력을 기울일 수 있다.

소비자
권리 보호 방법

··· 우리나라도 1인당 GDP가 3만불이 넘는 선진국으로 진입했다. 그러나 소비자 보호에 관해서는 기존의 선진국들과 비교해서 선진국 수준이라고 하기에는 어렵다. 소비자 권리 보호를 위해서 소비자들이 가장 적극적으로 행하는 수단은 불매운동이 있다. 그리고 제도적으로 소비자를 보호할 수 있는 것은 제조물 책임법을 통해서 생산자들이 판매하는 제품에 대해서 의무를 부과해서 소비자들을 보호하는 방법이 있다. 또한 소비자와 생산자 혹은 판매자 간의 분쟁이 생겼을 때 소비자 보호원을 통해서 중재하는 방법도 있다. 만약 이러한 중재가 합의에 이르지 못하면 소비자는 생산자 혹은 판매자에게 민사상의 소송을 제기하여 해결하는 방법이 있다. 3부에서는 소비자들이 가장 적극적으로 자신들의 권익을 지킬 수 있는 불매운동에 대해서 알아보겠다. 이와 더불어 국내 소비자들이 해외 선진국의 소비자들처럼 잘 보호받는 환경이 되기 위해서 어떠한 것들이 필요한지 살펴보겠다.

불매운동

소비자들이 판매자 혹은 생산자의 제품이나 서비스가 마음에 들지 않을 경우 그들이 제공하는 제품과 서비스를 구매하지 않을 수 있다. 이러한 보이콧 현상이 집단적으로 나타나는 것이 불매운동이다.

최근 우리나라에서도 크고 작은 불매운동이 나타났다. 소비자 불매운동은 기업 입장에서는 위협적인 소비자 단체 행동이라고 볼 수 있다. 그러나 불매운동의 장기적 성과를 본다면 기업에서 소비자 불매운동에 대해서 대수롭게 생각하지 않을 가능성이 있다.

  최근 몇 년 동안 사회적으로 큰 파장을 일으킨 불매운동이 두 건이 있다. 2013년 남양유업 본사의 30대 영업직원이 아버지뻘 되는 대리점 사장에게 심한 욕설을 한 통화내역이 공개되었다. 통화내역은 전형적으로 본사가 대리점에게 하는 갑질이었다. 대리점에서 소화할 수 없는 물량을 강제로 떠맡겼고 유통기한이 얼마 남지 않은 물건도 대리점에서 구입하도록 하였다. 이에 남양유업 대표이사는 대국민 사과를 하였고 물의를 일으킨 직원은 사표를 냈다.

(출처 : 경향비즈 2018년 5월 15일,
http://biz.khan.co.kr/khan_art_view.html?
artid=201805151335001&code=920100&med_
id=khan)

이러한 내용이 매스컴에 연일 보도되고 국민적 공분을 샀다. 이에 소비자들은 적극적으로 남양유업의 갑질 횡포에 대응하고자 불매운동을 전개하였다. 이러한 불매운동 여파로 남양유업 주가는 100만원이 깨지면서 황제주의 지위를 내려놓았다. 소비자 불매운동뿐만 아니라 공정거래위원회에서는 이를 불공정 거래행위로 보고 수사를 착수하였다. 공정거래위원회는 남양유업이 대리점에게 제품 밀어내기를 한 것에 대해서 과징금 124억원을 부과하였다. 설상가상으로 불매운동으로 인해서 남양유업은 2013년에 영업이익이 적자로 전환되었다. 지금도 남양유업제품에 대해서 소비자들은 불매운동을 멈추지 않았다.

2014년 뉴욕 존 F 케네디 공항에서 인천국제공항으로 향하는 대한항공 여객기에서 불미스러운 일이 발생하였다. 객실 승무원이 견과류를 조현아 전 대한항공 부사장에게 주었는데 이 과정에서 조현아 전 부사장은 고객에게 견과류를 제공하는 방법이 부적절하다고 질책했고 중간관리자인 박창진 사무장도 같이 질책받았다. 결국 박창진 사무장은 비행기 밖으로 하차하게 되었고 비행기는 수십여 분을 연착하게 되었다. 이 사건은 소위 땅콩회항이라고 불리며 조현아 전 부사장의 갑질이 세상에 알려지는 계기가 되었다. 외신들 역시 이를 비꼬듯 보도하였다. 결과적으로 조현아 전 부사장은 이 사건으로 인해서 대한항공에서 사퇴하고 대한항공은 대국민 사과 성명을 발표하였으며 이 사건으로 징역 10개월에 집행유예 2년을 선고받았다.

그런 일이 있은 지 4년 후 대한항공 조현민 전무의 광고대행사의 물컵 갑질이 언론에 보도되었다. 이를 계기로 조현민 전무뿐만 아니라 대한항공의 사주 일가들의 갑질이 폭로되고 대한항공 직원들은 토요일마다 집회를 하고 있으며 사주일가의 퇴진을 요구하고 있다. 이러한 상황에서 소비자들은 대한항공이 사용하고 있는 '대한'이라는 용어를 쓰지 못하게 하자는 청와대 청원이 있었고 대한항공에 대한 불매운동이 시작되었다.

그러나 대부분의 불매운동은 성공보다는 실패로 끝나는 경우가 많다. 전 국민적 공분을 일으킨 남양유업은 2013년 적자로 전환하였다. 2014년에는 2013년보다 매출액이 70억가량 감소하였으며 적자폭도 영업이익 적자 174억원에서 260억원으로 커졌다. 그러나 2015년에는 다시 매출을 회복하였고 영업이익도 201억원으로 흑자 전환하였다. 2016년도에는 매출이 증가하고 영업이익도 증가하였다. 2017년은 매출이 감소하였으나 영업이익은 여전히 흑자이다.

남양유업 경영성과

(억원)	2012	2013	2014	2015	2016	2017
매출액	13,650	12,298	11,517	12,150	12,391	11,669
영업이익	637	−174	−260	201	418	50

(출처 : 전자공시 시스템)

남양유업의 손익만 보았을 경우 소비자들의 불매운동은 2013년과 2014년에는 성공한 듯이 보였으나 그 이후에 다시 남양유업이 빠르게 손실을 회복하는 것을 보면 여전히 불매운동이 진행 중인데도 불구하고 그 효과에 대해서는 의구심을 갖게 한다. 특히 남양유업 주요 제품인 우유와 분유의 시장점유율을 본다면 우유는 2012년 26%에서 2017년 23%로 단지 3%만 낮아졌으며 분유는 2012년 55%에서 2017년 51%로 단지 4%만 낮아졌다.

남양유업 주요제품 시장점유율

	2012	2013	2014	2015	2016	2017
우유류	26%	25%	23%	23%	23%	23%
분유류	55%	54%	52%	53%	52%	51%

(출처 : 전자공시 시스템)

남양유업의 불매운동은 최근 몇 년간 일어난 소비자 불매운동 중에 가장 광범위하게 일어났고 지금도 현재진행형이나 그 효과가 크다고 말하기는 어렵다.

대한항공 역시 불매운동이 일어나긴 하나 TV 여행 홈쇼핑을 보면 늘 국적기 대한항공을 타고 여행을 하는 것을 강조하고 있다. 그러한 여행 홈쇼핑 상품은 저가항공사를 이용하는 것보다 비쌈에도 불구하고 연일 매진되는 일이 빈번하게 발생한다. 대한항공이 싫어서 불매운동을 한다고 하지만 대한항공의 경영성과를 보면 불매운동이 일어났다고 말하기가 어려울 정도이다.

2012년 대한항공의 매출액은 약 12조원이었으며 2017년에도 약 12조원으로 크게 변동하지 않았다. 그러나 2012년 영업이익은 2,285억원이었으며 땅콩회항 사건이 발생한 2014년에는 영업이익이 3,950억원으로 큰 폭으로 증가했다. 그 이후에도 꾸준히 영업이익이 증가하여 2016년에는 1조원을 넘는 영업이익을 달성했다. 2017년의 영업이익도 9,397억원으로 큰 폭의 이익을 달성하고 있다. 2018년 1분기에도 이러한 기조가 이어져서 영업이익은 1,663억원을 기록하였다.

대한항공 경영성과

(억원)	2012	2013	2014	2015	2016	2017
매출액	123,417	118,487	119,097	115,448	117,318	120,922
영업이익	2,285	-195	3,950	8,830	11,208	9,397

(출처 : 전자공시 시스템)

아무리 대한항공 사주일가를 비판하고 불매운동을 한다 할지라도 여전히 우리나라 소비자들은 대한항공을 이용하고 있고 대한항공 좌석은 늘 불티나게 팔리고 있다. 불매운동이 효과를 나타내서 소비자에게 의미 있는 결과를 가져다준 국내 사례는 과거 삼양라면의 우지파동 등 극히 일부 사례가 있다. 남양유업도 공정거래위원회가 부과한 과징금이 과다하고 이의신청을 해서 결국은 124억원의 과징금이 5억원으로 줄었다. 남양유업의 불매운동은 일부 효과는 있었으나 근본적인 관점에서 개선이 이루어졌다고 평가하기는 다소 이르다.

2015년 폭스바겐의 배기가스 배출이 조작된 것이 밝혀지면서 해외는 물론 국내까지 큰 사회적 이슈가 되었다. 비도덕적인 폭스바겐의 제품을 구입하지 않는 불매운동이 해외에서는 한창 진행되었다. 국내에서도 이러한 불매운동의 조짐이 보였으나 폭스바겐은 대대적인 할인 행사를 단행하였다. 그 결과 폭스바겐 차량의 판매가 감소하기는커녕 급증하였다.

2012년 애플은 전자제품 환경평가시스템의 녹색인증을 받지 않겠다고 밝혔다가 미국 전역에서 불매운동이 전개될 조짐이 보이자 다시 환경을 중요하게 생각하는 기업이라고 입장을 바꿨고 환경평가시스템의 녹색인증을 받지 않겠다는 것은 큰 실수라며 사과하였다. 스타벅스도 대기업의 커피산업이 저개발 국가의 빈곤에 악영향을 끼친다는 비판이 제기되자 공정한 무역을 한다는 경영방침을 도입하고 이를 실천하고 있다. H&M 역시 저개발 국가의 노동을 착취한다는 비판이 일자 아동들의 노동력을 착취하지 않고 저개발 국가의 지역과 상생하는 대안을 제시하고 이를 실천하고 있다.

지난 2000년 일본 유제품 선두주자인 유키지루시 유업이 만든 우유가 집단식중독을 일으켰으나 회사는 변명하기 바빴고 이에 화가 난 소비자들이 집단적으로 불매운동을 시작하였다. 초등학생들까지 유키지루시 유업 제품의 급식을 거부하고 소매점에서 이들의 유제품은 자취를 감추었다. 그 결과 80년 역사의 유키지루시 유업은 법원에 파산신청을 내었다.

해외의 불매운동은 상대적으로 우리나라의 불매운동보다 성공하는 경험이 많다. 왜 그런가? 여러 가지 이유가 있을 수 있지만 가장 먼저 기업들의 사회적 책임을 중요시하는 문화가 자리잡았다. 기업들은 이윤을 추구할 뿐만 아니라 사회의 구성원으로서 자기역할을 하면서 지역사회와 같이 성장해 가고자 하려는 경향이 많다. 소비자들 역시 성숙한 시민의식을 갖고 있어서 합리적인 소비를 할 뿐만 아니라 소비에 대해서도 윤리의식을 갖고 있다. 마지막으로는 비영리 소비자 단체 같은 시민운동이 활발하기 때문에 이들이 기업들의 비윤리적인 행위에 대해서 감시를 하고 시정하는 요구를 한다. 이러한 이유로 상대적으로 해외에서는 불매운동이 성공할 가능성이 높다.

징벌적 손해배상

    미국은 전 세계적으로 소비자 보호가 가장 잘 되어 있는 국가 중의 하나이다. 이는 소비자 보호에 대한 연방법과 각종 연방기관들이 있어서 가능하지만 근본적으로 기업보다는 소비자를 우선시하는 사회제도 때문이라고 할 수 있다.

    1992년 79세인 Stella Liebeck이라는 여성이 뉴멕시코주의 알버커키의 맥도날드 매장에서 드라이브창구를 통해 커피를 구입하였다. 커피에 설탕을 넣기 위해서 커피 뚜껑을 열었고 그 과정에서 커피가 그녀의 허벅지에 쏟아져서 그녀는 허벅지 주위에 3도 화상을 입었다. 그 후 그녀는 맥도날드에게 커피의 온도를 낮춰달라는 편지를 썼으나 그녀의 요구는 받아들여지지 않았다. 그녀는 화상을 치료해야 했으며 이로 인해 약 2만 달러의 비용을 썼다. 그러나 맥도날드는 그녀에 대한 보상으로 800달러만 제공했다. 이에 그녀는 맥도날드를 상대로 소송을 제기했고 결과적으로 법원은 맥도날드에게 약 260만 달러를 보상하라는 판결을 내렸다. 맥도날드는 이 소송을 더 큰 문제로 만들기 싫어서 그녀와 합의를 했고 합의금은 정확하지는 않지만 약 60만불 수준이라고 전해진다. 맥도날드는 자신들이 만든 커피로 인해서 화상사건이 다수 발생했음에도 불구하고 이에 대한 적절한 조치를 취하지 않았다. 이로 인해서 미국 법원으로부터 징벌적 손해배상으로 더 큰 배상을 해야 할 가능성이 있었기 때문에 그녀와 합의를 하였다.

배상은 크게 전보적 손해배상과 징벌적 손해배상이 있다. 전보적 손해배상은 실제 발생한 손해만큼 만을 배상하는 것이다. 징벌적 손해배상은 전보적 손해배상과 달리 피해자의 손해와는 관계없이 생산자나 판매자가 악의가 있는 경우 부과하는 배상제도이다. 대체적으로 징벌적 손해배상이 되기 위해서는 중대한 과실, 악의적, 의도적인 행위가 있어야 한다. 징벌적 손해배상의 규모는 배심원이나 판사의 재량이 크게 작용하고 피해자가 입은 피해의 정도도 크게 고려된다. 이러한 징벌적 손해배상이 있다면 소비자들의 권리를 더 잘 보호할 수 있을 것이다.

미국은 전 세계에서 징벌적 배상제도가 가장 활발한 국가 중의 하나이다. 미국에서 징벌적 배상이 되는 사건은 가해자가 고의 혹은 해악을 끼치려는 의도를 갖고 있거나 가해자가 충분한 주의 의무를 안 해서 피해가 발생했을 경우이다. 미국에서는 징벌적 배상제도를 통해서 피해자에게 충분한 보상은 물론, 이러한 일이 재발하지 않게끔 사회에 경종을 울리는 목적으로 징벌적 배상제도가 시행된다. 현재 미국법상 어떠한 법도 징벌적 배상의 금액을 규정하지는 않으나 각 주마다 징벌적 보상 금액의 상한을 설정하고 있다. 징벌적 보상금액의 상한은 실제 피해를 구제하는 전보적 배상금액과의 비율로 결정한다. 2003년 미국대법원은 전보적 배상금액과 징벌적 보상금액의 차이를 10배로 하는 판결을 내린 바 있다. 이것이 하나의 판례로 자리 잡아 대체로 징벌적 배상금액의 한도를 실제 발생한 피해액의 10배 이내로 산정하는 경우가 많다.

미국에서 판결한 징벌적 손해배상의 대표적인 판결은 1996년에 발생한 BMW 사건이다. 미국의 고어 씨는 1996년에 BMW 차량을 4만 750달러에 구매했다. 그런데 구매 후 9개월이 지난 후에야 자신이 구입한 차량이 문제가 발생해서 출고 전에 페인트칠을 다시 했다는 사실을 알았다. 고어 씨는 중고차 매매상에게 물어보니 페인트칠을 다시 한 차량은 새 차보다 가격이 10% 하락한다는 이야기를 들었다.

이에 대해 고어씨는 BMW를 상대로 손해배상 소송을 했고 BMW는 최종적으로 200만달러를 고어 씨에게 배상하였다. 징벌적 손해배상은 미국에서 소비자 권익을 보호하는 중요한 제도이다.

··· 영국의 징벌적 손해배상 제도

1763년 영국의 인쇄공 허클은 활자를 파고 있었는데 갑자기 경찰관이 와서 허클이 불온 유인물을 만들었다고 그를 체포하였다. 허클은 6시간 만에 죄가 없음이 증명되어 풀려났다. 이 일로 인해서 허클은 자신의 하루 일당을 날렸을 뿐만 아니라 숙련공으로 얻었던 명성에도 금이 갔다. 이를 배상받기 위해서 법원에 호소했고 법원은 정부가 허클에게 20파운드를 배상하라는 명령을 내렸다. 당시 20파운드는 허클의 하루 임금의 1,700배에 달하는 거금이었다. 이 사건은 영국에서 징벌적 손해배상이 시작된 계기가 되었다.

영국에서 징벌적 손해배상이 인정되는 경우는 첫째, 공무원에 의한 억압적 권력남용 행위, 둘째, 가해자가 자신의 불법행위로부터 얻은 이익이 피해자에게 손해배상을 지급하고도 이득이 남을 것으로 예상될 때, 마지막으로 법률에 규정이 있을 때이다. 영국에서는 법률에서 징벌적 손해배상에 대한 명시적인 규정이 없다. 그러므로 징벌적 손해배상 제도가 적용되는 경우는 공무원의 억압적 권력 남용 행위와 가해자가 불법으로 인해 받은 이익이 피해자가 받은 손해보다 클 경우이다. 소비자 보호와 관련해서는 두 번째의 규정이 적용된다.

영국의 징벌적 배상에서 배상규모를 산정하는 데에는 가해자의 재산상황, 징벌적 배상을 인정함으로써 피해자에게 발생할 수 있는 우발적 소득, 가해자의 행위가 선의였는지 여부 등 다양한 요인들을 고려해서 징벌적 배상 규모를 결정한다. 1990년부터 배심원이 부과하는 징벌적 배상규모가 과다한 것으로 보이는 경우 배심원의 결정을 무효로 하고 법원이 이를 다시 산정할 수 있도록 하였다. 예를 들어 1997년에 유명가수인 엘튼 존이 자신이 시행한 식이요법이 생명을 위협할 수 있다는 기사를 내보낸 MGN이라는 언론사를 상대로 소송하여 전보적 배상으로 약 75,000파운드, 징벌적 배상으로 275,000파운드를 배상하라는 판결을 얻었다. 그러나 MGN은 이 금액이 너무 많다고 생각하여 항소하였고 결과적으로 법원에서는 전보배상액을 25,000파운드, 징벌적 배상액을 50,000파운드를 지급하라는 판결을 하였다.

··· 중국의 징벌적 손해배상 제도

중국에서는 최근에 '소비자 권익보호법', '식품안전법', '권리침해책임법'에서 배상금액을 규정하고 있다. '소비자 권익보호법'은 기업이 상품제공행위에 사기가 있는 경우 실제 손해에 추가해서 3배를 더 배상할 수 있다고 규정하고 있다. '식품안전법'에서는 고의로 안전하지 않은 식품을 제조, 판매한 경우에는 손해배상 대금의 10배에 해당하는 배상금을 추가로 청구할 수 있도록 하였다.

중국의 법 체계가 우리와 같은 대륙법인데도 불구하고 소비자의 권익 보호를 위해서 일찌감치 징벌적 배상제도를 만들어서 시행하고 있다. 징벌적 배상제도가 적용되기 위해서는 기업이 소비자를 의도적으로 기만하여 사기 행위를 한 경우에 성립된다. 식품법에서 역시 식품제조업자나 판매업자가 자신들이 생산, 판매하는 식품이 식품위생기준에 부합하지 않는 것을 알고도 즉, 고의를 갖고 식품을 생산하고 판매하는 경우에 부과한다. 미국의 징벌적 배상제도의 요건과 유사하게 문제를 발생시킨 행위자의 고의성 여부가 징벌적 손해배상의 중요한 판단 기준이 된다.

··· 우리나라의 징벌적 손해배상 제도

우리나라는 이미 2011년에 하도급법을 통해서 징벌적 배상제도가 처음으로 도입되었다. 대기업이 중소기업의 유망기술을 가로챘을 경우 중소기업에서 발생한 손해의 3배를 한도로 대기업에게 징벌적 손해배상을 인정하는 규정이 있다. 그러나 중소기업이 대기업에게 소송을 한다는 것은 더 이상 해당 대기업과의 거래관계가 없을 것이라는 것을 의미한다. 그러므로 손해를 입은 중소기업이 손해액의 3배이내의 배상은 충분하지 않을 수도 있다. 예를 들어 국내의 중소형자동차 부품기업들은 매출액의 80% 이상이 대부분 현대자동차와 기아자동차의 공급에서 발생한다. 설령 현대차에서 중소기업에서 발명한 기술을 가로챘다고 하더라도 소송을 걸기는 어렵다. 중소기업 입장에서는 소송하는 것 자체가 현대차와의 거래관계가 단절되는 것을 의미한다. 현대차와의 거래 단절로 발생하는 손실은 하도급법에서 규정한 3배의 보상보다 더 크기 때문에 많은 중소기업들은 기술침해가 실질적으로 발생하더라도 원청인 대기업을 상대로 손해배상 소송을 하기는 어려운 게 현실이다.

2017년 3월 30일 '제조물 책임법 개정안'이 국회 본회의에서 통과되었다. 가습기 살균제로 인해서 국내에서도 징벌적 배상제에 대한 도입이 필요하다는 논의가 꾸준히 있었는데 개정된 법에 따라 기업에서는 소비자에게 발생한 피해에 대해서 최대 3배의 배상책임을 진다

똑똑한 소비자 되기

고 했다. 징벌적 손해배상 제도가 기존보다 더 넓은 범위로 도입되었다는 긍정적인 측면이 있으나 그 배상액이 3배로 제한되어 있어 이 법의 실효성에 대한 의문도 제기되고 있다.

우리나라는 피해의 규모를 산정하기 위해서는 현재 피해를 입은 사람이 무슨 일을 하고 있는지가 중요하다. 예를 들어 피해자가 전업주부일 경우 전업주부가 남은 생애 동안 벌 수 있는 금액을 피해액으로 산정하는 방식을 취한다. 이 경우 전업주부는 마땅한 소득이 없기 때문에 최저임금을 기준으로 보상액이 산정된다. 그러므로 실제 법원의 결과에 따라 받을 수 있는 보상금액은 크지 않다. 우리나라 민법에서도 대체로 피해로 발생한 위자료 금액을 1억원으로 한정하기 때문에 건강이나 신체상에 치명적인 피해를 입은 피해자에게는 부족하기 그지없는 금액이다.

예를 들어, 가습기 살균제로 인해서 평생 호흡기를 달고 살아야 하는 어린이들이 옥시로부터 3억5천만원의 보상을 받았다. 과연 그 보상의 크기가 합리적이라고 생각할 수 있는가? 사망한 사람의 경우는 10억원의 보상을 받았다. 10억원이라는 보상이 사망한 사람에게 충분한 보상이 될 수 있겠는가? 징벌적 손해배상 제도가 좀 더 폭넓게 도입된 것은 긍정적이나 그 배상 규모가 아직도 피해자를 구제하기에는 턱없이 부족해 보인다.

미국이나 영국처럼 영미법을 따르는 국가들은 일찍부터 징벌적 손해배상법을 적극적으로 도입해서 피해자를 구제하고 있다. 징벌적 손해배상은 크게 3가지 목적이 있다. 과거의 위법 행위에 대한 처벌, 과거의 위법행위로 발생한 피해에 대한 구제, 마지막으로 미래에 발생할 수 있는 위법행위에 대한 강한 억제이다. 쉽게 설명하자면 징벌적 손해배상은 시범케이스라고 할 수 있다. 어떤 일이 처음 발생할 때 가장 처음 적발되는 사람에게 가장 가혹한 처벌을 함으로써 이러한 일이 두 번 다시 발생하지 않게 하자는 목적이다.

특히 징벌적 손해배상제도는 기업이 저지르는 과실 혹은 범죄에 대해서 그 효과가 확실하다. 기업의 존재 이유는 이윤 창출이다. 기업은 법인격이라는 인격을 갖고 있지만 기계처럼 감정이 전혀 없다. 단지 이윤을 추구하고 그 이윤을 극대화할 생각만 있다. 기업이 저지르는 불법적인 행위를 통해서 1억원의 이윤이 발생하고 그 대가로 100만원의 벌금을 낸다면 그 기업은 불법적인 행위를 할 가능성이 높다.

소비자권리는 소비자 스스로 보호해야 한다. 기업이 소비자 권리를 보호하는 경우는 소비자 권리를 보호하는 것이 기업에게 더 유리하기 때문이다. 앞서 서구의 많은 기업들은 사회적 책임을 중요시한다고 하였다. 과연 서구 기업들은 원래 착해서 사회적 책임을 중요시하겠는가? 절대 아니다. 특히 미국기업들은 고의성이 다분한 위법행위가 발생하면 어마어마한 벌금은 물론 소비자들이 청구하는 배상금으로 인해서 소비자들의 눈치를 본다. 소비자들의 항의는 곧 관계기관으로 접수되고 관계기관들은 해당 기업의 불법행위를 조사하여 불법행위가 있다면 천문학적인 과징금을 부과하여 이러한 행위가 두 번 다시 발생하지 않도록 한다.

2015년에 발생한 폭스바겐의 배출가스조작과 관련해서 폭스바겐은 미국 정부에 17조원이 넘는 벌금을 지불하는 계획을 세웠고 폭스바겐 차량을 구입한 미국 소비자에게는 1인당 만달러가 넘는 보상을 제시하였다. 만약 폭스바겐이 미국 정부와 합의하지 않고 그리고 소비자와 합의하지 않았으면 이보다 더 큰 벌금과 배상금을 지불했을 것이다. 그러한 점을 누구보다 잘 알기 때문에 폭스바겐은 사태가 더 커지기 전에 서둘러서 벌금과 위로금 지급에 합의한 것이다. 미국의 법들이 소비자 권익을 보호하는 데 앞장섰고, 그 중심에는 징벌적 손해배상이 있기 때문에 미국에서 영업하는 모든 기업들은 소비자들을 무섭게 생각하고 이들에게 피해가 발생하지 않도록 주의한다.

우리나라에도 3배가 아니라 이보다 더 큰 규모의 징벌적 배상제도가 도입된다면 우리나라 소비자들은 과거보다 더 좋은 대우를 받을 것이다. 우리나라는 자본주의 국가이다. 기업들이 우리나라의 경제 체제에서 돈을 더 벌기 위해서 고의든 혹은 과실이든 위법행위를 했다면 이에 대한 제재도 돈으로 하는 것이 올바를 것이다. 기업들은 대표이사의 징역 혹은 위법행위를 한 직원에 대한 물리적 제약보다는 소비자에 대한 배상, 정부에 납부하는 벌금 등 금전적 손실에 더욱 민감하게 반응한다. 그러므로 우리나라 소비자들을 보호하기 위해서 징벌적 배상제도가 필요하고, 가습기 살균제 사건과 같은 비인도적이고 비윤리적인 사고가 더 이상 발생하지 않도록 배상한도를 더욱 늘려야 한다.

··· 징벌적 손해배상 제도의 단점 및 그 보완

징벌적 배상제도는 기업의 위법행동으로부터 소비자의 권익을 지키는 데 효과적인 제도이지만 이 제도를 시행함에 있어 여러 단점이 존재한다. 징벌적 배상제도가 시행된다면 소비자들의 소송이 지금보다 더 많아질 것이다. 징벌적 배상제도 하에서 소비자가 승소할 경우 소비자는 충분히 많은 보상을 받을 것이다. 설사 승소의 가능성이 낮다 할지라도 일단 소송을 하고 보는 심리가 많아져서 불필요한 소송이 많이 증가할 수 있을 것이다.

징벌적 손해배상 제도 하에서는 기업이 부담해야 할 손해배상 규모가 천문학적으로 증가하기 때문에 기업활동이 위축될 수 있다. 기업들 본연의 활동은 기술을 개발하고 그 기술을 통해서 보다 나은 제품과 서비스를 고객에게 제공하고 그 대가로 이윤을 얻는 것이다. 그러나 기업에서 행한 위법적인 행동이 과도한 벌금과 배상으로 이어져서 기업의 존폐를 위협할 수 있는 상황이 된다면 기업은 기업 본연의 활동보다는 소송에 대한 대비, 과도한 보험가입으로 장래에 발생할 수 있는 위험을 피하는 데 더 많은 역량을 집중할 것이다. 결과적으로 법률 위험을 회피하는 데 역량을 쏟기 때문에 기업의 경쟁력이 더 악화될 수도 있다.

징벌적 배상제도로 인한 이러한 문제는 충분히 제기할 수 있는 합리적인 문제라고 생각한다. 일단 소송이 남발할 수 있는 우려는 존재하지만 이에 따라 더 많은 변호사를 배출하고 더 많은 판사와 검사를 선발하면 될 것이다. 우리나라 판사와 검사는 국가공무원 중에서 가장 많은 일을 하고 있는 공무원 중의 한 명이라고 할 수 있다. 그들은 만성적인 야근과 과도한 업무량에 힘들어한다. 그러나 정작 더 많은 판사와 검사를 선발하는 것에는 찬성하지 않는다. 더 많은 판사와 검사가 생기면 지금 그들이 유지하는 희소성이 없어지기 때문에 과로로 인해서 힘들다 하더라도 판사와 검사의 수를 늘리고 싶어 하지 않는다.

2002년 사법시험 합격자 정원은 998명으로 1,000명이 되지 않았다. 2009년 로스쿨이 도입된 이후 현재 로스쿨 입학정원은 2,000명 수준이다. 이로 인해 매년 변호사의 공급이 많아져서 변호사의 위상이 과거 로스쿨 도입 전만큼 높지 않다. 이와 유사하게 판사와 검사의 수를 늘린다면 변호사의 위상하락에서 보듯이 이들의 위상이 지금보다 낮아질 것은 자명한 일이다. 징벌적 손해배상 제도의 확대와 손해배상 범위의 확대로 인해서 소송이 더 증가할 것으로 예상되기 때문에 이에 발맞추어서 판사와 검사의 인력도 변호사가 증가한 것만큼 늘리면 충분히 해결할 수 있을 것이다.

소송이 남발할 수 있는 또 다른 이유는 배상금이 피해자에게 귀속되기 때문이다. 징벌적 손해배상 제도는 피해자에게 발생한 피해도 보전하는 취지가 있다. 그러나 피해자에게 발생한 피해는 전보적 배상을 통해서 일부 해결이 된다. 그러므로 징벌적 배상으로 인한 배상금을 전부 피해자에게 주기보다 이러한 사건이 발생하지 않도록 연구 혹은 재발방지에 사용될 수 있는 기금에 적립하는 방법도 있다. 미국의 일부 주에서는 징벌적 배상의 판결로 인해 피해자에게 지급되는 배상금의 일부를 국가기관에 납부해야 하는 제도를 두고 있다. 이를 통해서 징벌적 손해배상 제도로 인해서 발생하는 소송의 남발을 줄일 수 있다.

기업들이 본연의 업무에 충실하지 못할 수 있는 우려가 있는데, 이는 부풀려진 것으로 볼 수 있다. 징벌적 손해배상 제도가 가장 활발하게 작용하고 이에 대한 판결이 자주 발생하는 국가는 미국이다. 징벌적 손해배상 제도로 인해서 기업활동이 위축된다면 미국기업들의 경쟁력은 낮아야 할 것이다. 그러나 애플, IBM, 골드만삭스, 마이크로소프트, 구글, 월마트 등 미국의 기업들은 세계시장에서 활약하고 있고 글로벌 Top의 위치에 있다. 오히려 소비자를 보호하는 제도로 인해서 기업들은 더욱 품질과 안전에 신경을 쓰기 때문에 단기적으로는 기업들에게 손해를 끼칠 수 있지만 장기적으로는 기업들의 경쟁력을 개선하는 데 일조했다고 볼 수 있다. 그러므로 징벌적 손해배상 제도의 도입과 확대로 인해서 우리가 우려하는 문제들은 기우로 그칠 가능성이 높다.

⋯ 징벌적 손해배상 제도 정착을 위한 제도 보완

부족하지만 우리나라는 2017년 제조물 책임법 개정안을 통해서 피해액의 3배의 한도로 배상을 할 수 있는 징벌적 손해배상 제도가 보다 넓은 범위에서 시행되었다. 좋은 취지에서 시행된 법률도 적극적으로 그 제도가 활용되어야 법률 제정의 취지를 살릴 수 있다. 이미 3배 한도로 손해배상을 규정한 하도급법이 있으나 법 제정 후 현재까지 3배 한도로 보상하는 하도급법의 규정이 적용된 사례를 찾기는 어렵다.

제조물 책임법에서 규정한 징벌적 손해배상 제도가 하도급법과 달리 안정적으로 정착되고 시행되기 위해서는 3가지 문제를 해결해야 한다. 첫째, 소송비용의 경감이 필요하다. 현행법은 피해자가 손해배상 요구금액에 따라 법원에 납부하는 인지세의 규모가 달라진다. 인지세는 손해배상 청구액에 비례해서 증가한다. 그리고 패소했을 경우 변호사 비용 등 각종 비용들도 3배 기준으로 부담해야 한다. 이러한 재판비용의 증가로 인해서 징벌적 손해배상 제도가 제대로 작동하지 않을 수 있다. 그러므로 인지세와 재판 관련 비용들은 일정액으로 고정시키고 패소했을 경우에 부담하는 변호사 비용 등도 3배 기준이 아니라 원래 발생한 손해기준으로 보상하도록 해야 한다.

징벌적 손해배상의 3배 기준이 너무 낮다. 우리나라의 경우 전보적 손해배상 규모도 낮기 때문에 이에 따라 징벌적 손해배상의 규모도 충분하지 않다. 징벌적 손해로 인해서 비윤리적인 범법 행위가 재발하지 않고 그러한 범법행위에 피해를 입은 피해자를 구제하기 위해서는 현재의 3배보다 더 상향해서 운영할 필요가 있다.

마지막으로 징벌적 손해배상이 정착되기 위해서는 피해의 입증을 갖고 있는 피해자의 입증책임을 완화할 필요가 있다. 우리나라는 엄격한 증거를 토대로 재판한다. 그러나 소비자 피해는 대부분 기업에서 만든 제품이나 서비스를 이용하여 발생한 피해이기 때문에 기업의 내부자가 아닌 피해자 입장에서는 기업의 고의성이 있는 불법행위를 명확히 증명하기 어렵다. 그러므로 직접적인 증거가 존재하지 않더라도 충분하게 신뢰할 수 있는 간접증거만으로도 법을 적용해야 한다. 나아가서 기업에서 제공하는 제품과 서비스와 관련된 소송에 한해서는 잘못이 없다는 입증책임을 피해자인 소비자가 아니라 공급 자인 기업이 져야 한다.

이러한 것들이 도입되면 고질적으로 발생하는 차량급발진에 대해서 그 원인 규명이 더 쉽게 이루어질 것이고 재발방지도 더 강하게 이루어질 것이다. 가습기 살균제 피해자들이 옥시가 고의로 유해성 있는 물질을 사용했다는 것을 힘들게 증명할 것도 없고 오히려 옥시가 자신들이 한 행위의 무죄를 증명해야 하기 때문에 피해를 입은 소비자 입장에서는 재판을 원활히 진행할 수 있을 것이다. 의료사고로 고인이 된 고 신해철 씨의 경우에도 전문적인 의료지식이 있고 모든 그와 관련된 모든 자료를 보관하고 있는 병원에서 자신들의 결백을 먼저 증명한다면 우리나라의 의료사고 피해자를 더 쉽게 구제할 수 있을 것이다.

기업들은 이렇게 징벌적 손해배상 제도가 운영될 경우 기업에게 가중한 부담으로 다가오고 결과적으로 이는 소비자들의 부담이 될 것이라고 주장을 하지만 앞서 본 미국의 징벌적 사례와 기업활동에서 보듯이 이는 단기적인 효과에 그칠 가능성이 크다. 까다로운 소비자 요구에 맞추기 위해서 기업들은 보다 더 노력을 할 것이고 더욱더 소비자 안전에 초점을 맞출 것이다. 그러므로 결과적으로 기업들의 경쟁력은 지금보다 한층 더 올라갈 것이다.

집단소송과 소비자 단체 소송

　집단 소송은 어떤 피해가 발생했을 때 그 피해를 입은 모두를 대표하여 한 명 혹은 소수의 사람이 피해자 집단을 대표하여 소송을 제기하는 것을 말한다. 현재 우리나라는 동일한 피해가 발생하더라도 이 피해에 대해서 구제를 받기 위해서는 피해받은 사람들이 각각 소송해야 한다. 가령 가습기 살균제 피해가 발생하더라도 피해를 받은 피해자들이 가해 회사와 합의가 되지 않으면 피해를 보상받기 위해서 법원에 소송을 각각 제기해야 한다. 극단적으로 피해자인 김모씨가 법원에서 승소했더라도 다른 피해자 박모씨는 다시 소송을 제기해서 승소해서 피해를 보상받을 수 있다.

　그러나 집단소송제도는 동일한 피해가 발생했을 때 누구라도 소송을 하면 그 소송의 결과가 다른 피해자에게도 미쳐서 피해자들이 피해를 보상받는데 번거로움을 많이 해결할 수 있다. 대신 집단 소송은 두 가지 방식이 있다. 하나는 옵트인(Opt-In)이다. 옵트인 방식은 집단 소송을 할 경우 집단 소송에 적극적으로 참여한 사람에게만 효력이 미치는 것이다. 예를 들어, 최근 라돈 침대가 문제가 된다. 라돈이 함유된 침대를 사용하면서 피해를 본 피해가 박모씨가 가해 회사에게 손해배상 소송을 제기하려고 한다. 이때 다른 피해자인 이모씨, 김모씨 등 나도 피해를 보았으니 나도 소송에 넣어달라고 적극적으로 박모씨에게 요청해서 박모씨의 소송에 대해서 직간접적으로 참여했다고 가정하자. 결국 박모씨가 라돈 침대 회사를 상대로 승소해서 배상금 1억원을 받았으면 이 효력이 소송에 적극적으로 참여한 이모씨, 김모씨에게도 효력이 미쳐서 이모씨도 1억원, 김모씨도 1억원의 배상을 받는 것이다.

다른 하나는 옵트아웃(Opt-Out) 방식의 집단 소송이다. 이는 옵트인과 달리 피해자 중에 누군가가 소송을 해서 이겼을 경우 피해를 입은 피해자들 중에 '나는 여기에 휘말리기 싫어, 나는 빼줘'라고 명시적으로 의견을 표명한 피해자만을 제외하고 나머지 피해자들에게 그 효력이 미치는 방법이다. 라돈 침대 사례를 다시 들자면, 자신은 소송이 진행되는지도 몰랐는데 어느 날 뉴스 보니 라돈 침대 소송에서 누군가 승소했다고 한다. 그럴 경우 소송이 진행되는지도 모르는 나도 그 승소의 혜택을 동일하게 받는 것이다. 그러므로 소비자 입장에서는 옵트인 방식보다는 옵트아웃 방식이 유리하다. 우리나라에서도 집단 소송제가 증권 분야에 대해서 제한적으로 도입되었으나 이의 확대에 대해서 옵트아웃 방식으로 논의 중이다.

집단소송제도가 도입되면 어떤 피해에 의해서 소비자가 승소할 경우 그 결과가 다른 피해자에게도 영향을 주기 때문에 기업 입장에서는 부담이 크다. 예를 들어, 최근에 있었던 폭스바겐 배기가스 조작과 관련해서 이로 인해 피해를 입은 어떤 소비자가 집단소송을 제기하고 그 결과 손해배상까지 얻어내는 것으로 승소할 경우 그 손해배상에 대해서 소송을 제기하지 않은 피해자들도 보상을 받을 수 있다. 그러므로 기업 입장에서는 큰 부담이 될 수 있다. 반면에 기업 입장에서 부담되기 때문에 소비자 입장에서는 소비자 권익이 더 잘 보호될 수 있다. 그러나 아쉽게도 우리나라는 집단소송제도가 증권 분야를 제외하고는 도입되지 않았다.

우리나라에 도입한 집단소송제도는 2005년 시행된 증권집단소송제도가 있다. 증권집단소송제도는 소액투자자들이 집단적 피해를 입었을 경우 이를 구제하기 위해서 제정되고 시행되었다. 집단소송제가 도입되면 소송이 남발할 것을 우려하여 소송을 제기할 수 있는 요건을 엄격히 하였다. 집단소송을 제기하기 위해서는 피해자가 50인 이상이고 이들이 보유한 지분이 1만 분의 1 이상이어야 한다. 그리고 피해자들이 입은 피해가 동일해야 하며 이들의 소송이 피해자 모두의 이익보호에 적합하고 효율적이어야 한다.

증권투자와 관련된 집단소송이지만 소송을 할 수 있는 요건을 엄격하게 제한했기 때문에 2005년 해당 제도가 도입된 후부터 2014년까지 단 7건의 집단소송만이 제기되었다. 집단소송의 구제결과는 옵트아웃으로 적극적으로 자신을 집단소송에서 제외해 달라고 하는 사람만을 제외하고 피해자 모두에게 소송의 결과가 돌아갈 수 있도록 하였다.

소비자피해와 관련한 집단소송제도는 소비자 단체 소송이라는 것이 있다. 기업의 위법행위로 인해서 피해가 발생하면 이를 자격 있는 소비자 단체가 소비자를 대신해서 해당 기업에 소송하는 것이다. 소비자 단체 소송은 집단소송과는 달리 손해에 대한 배상의 목적보다는 기업의 위법행위를 금지하고 앞으로 발생하지 않도록 억제하는 데 그 목적이 있다. 그러므로 소비자 단체 소송을 통해서 소비자 단체가 승소하더라도 피해배상에 대해서는 별도로 개별적인 소송을 해야 피해를 구제받을 수 있다.

··· 독일의 소비자 단체 소송

독일에서는 개별 소송으로 소비자권리에 대해서 충분히 보호하지 못한다고 생각하여 2001년 금지소송법을 제정하여 소비자 권익 보호를 위한 소비자 단체 소송을 인정하고 시행하고 있다. 금지소송법은 소비자 이익을 보호하기 위해서 가해자에게 어떤 행위를 금지하거나 중지하도록 요청하는 소송이다. 기업의 불법 행위로부터 피해를 받은 소비자가 생기면 소비자 개인이 아니라 일정 요건을 갖춘 단체에서 해당 기업을 상대로 그 행위를 하지 말라고 요청하는 소송이다. 이 소송은 불법 행위로 인해서 소비자의 피해를 구제하기보다는 불법 행위가 더 이상 발생하지 못하도록 하는 억제의 목적이 더 크다.

해당 소송을 제기할 때 누구나 제기하지 못하고 소비자 보호단체, 상공회의소 같은 정부로부터 소비자 이익을 보호할 수 있다는 인증을 받은 단체만이 소비자 이익 보호를 위해서 집단소송을 제기할 수 있다. 소비자 보호에 대해서 여러 가지 다른 법들을 통해서 소비자 단체 소송을 제기할 수 있는데 그중의 하나가 우리나라의 공정거래법 같은 부정경쟁방지법이 있다. 부당하게 경쟁을 저해하면서 이익을 얻은 기업을 대상으로 소비자 단체가 소송을 제기해서 승소할 경우 부당한 이익을 얻는 기업은 자신들이 얻은 이익에 대해서 국가에게 벌금으로 납부해야 한다. 독일의 집단소송은 피해자의 구제보다는 위법행위가 더 이상 발생하지 않도록 하는 데 그 목적이 있다.

2007년 6월 일본은 소비자계약법에 처음으로 소비자 단체 소송을 도입했다. 독일과 유사하게 소비자 단체 소송은 어떤 행위에 대한 금지를 위한 소송이다. 즉, 피해가 발생한 소비자를 구제하는 목적보다는 피해가 발생하지 않도록 그 행위를 못하게 하는 데 더 큰 목적이 있다. 누구나 소비자 단체 소송을 할 수 있다면 소송이 남발할 수 있기 때문에 일본도 독일과 유사하게 소송을 제기할 수 있는 단체를 법으로 규정하고 있다. 즉 아무나 소비자를 위해 소비자 단체 소송을 하는 것이 아니라 일정한 자격요건을 갖춘 소비자 단체가 소송을 제기하는 것이다.

소비자 단체가 제기하는 단체 소송은 소비자권리 보호를 위해서 정부뿐만 아니라 민간에서도 활발히 참여할 수 있다는 데 그 의의가 있다. 전통적으로 기업들의 위법행위는 정부기관이 감시, 감독하여 위법행위를 적발하고 이에 대한 시정을 요구하였다. 소비자 단체에 의한 소송은 기존의 정부만 하던 역할을 민간에서도 실행하면서 소비자 권익보호에 대해서 더 강화된 것이라고 할 수 있다. 일본의 소비자 단체 소송제도는 독일과 다르게 피해가 발생할 것으로 예상될 때에도 소비자 단체가 해당 기업을 상대로 금지소송을 할 수 있다. 즉 실제 피해가 발생하지 않았으나 피해 발생이 예상되는 경우도 할 수 있다는 점에서 사전예방적인 조치를 할 수 있다.

··· 우리나라의 소비자 단체 소송

우리나라는 2006년 소비자 보호법이 전면 개정되면서 소비자 단체 소송제도가 도입되었다. 우리나라 역시 소비가 증가하다 보니 소비자들의 권익보호가 중요해졌고 소비자들이 피해를 입었을 경우 이를 구제할 뿐만 아니라 유사한 피해가 발생하지 않도록 억제하기 위해서 소비자 단체 소송제가 도입되었다.

소비자 단체 소송을 제기할 수 있는 단체는 소비자 권익을 보호할 수 있는 자격이 있는 단체이어야 한다. 소비자 단체 소송에서 할 수 있는 소송은 대체로 기업의 위법행위에서 발생한 행위에 대한 금지 혹은 중지에 대한 것만을 요구할 수 있다. 기업의 위법행위로 인해서 발생한 손해에 대해서는 별도의 손해배상 청구를 해야 피해를 보상받을 수 있다.

그러나 소송을 남발할 수 있다는 우려 때문에 소송제기 요건을 엄격하게 제한 하였다. 그 결과 2016년까지 단 7건의 소송만 제기되었다. 소비자 단체 소송을 할 수 있는 단체는 소비자 기본법 제70조에 원고적격 요건을 별도로 규정하지만 이 규정의 충족 여부는 법원이 판단하도록 하고 있다. 그러므로 소비자 단체에서 소송을 제기할 때마다 그 소비자 단체가 소송을 제기하는 적격자인지 판단을 법원이 해야 한다. 그러므로 소송을 제기하는 단체는 자신들이 법원에 의해서 소송 적격 단체가 아닐 수도 있기 때문에 소송 초반에 확신을 갖고 단체 소송을 제기하기 어렵다. 이웃 일본은 사전에 정부기관에 등록된 소비자 단체만을 소송을 할 수 있는 적격 단체로 규정하여 소송준비부터 해당 소비자 단체가 소송에만 집중해서 소송을 준비할 수 있게 하였다.

소비자 단체가 소송을 할 수 있는 적격 단체로 법원에서 허가가 났다 할지라도 그 소비자 단체가 소송을 하는 사건이 과연 소송할 만한 가치가 있는지를 법원에서 또 다시 판단해야 한다. 이 역시 소송을 남발할 수 있는 문제를 보완하기 위해서 만든 제도이지만 소송의 적절성을 다시 법원이 판단해야 하는 문제가 생기기 때문에 소송을 제기하는 입장에서는 소송내용보다는 소송에 대한 기본 자격에 대해서 검토하는 데 역량을 쏟아야 한다. 독일이나 일본은 소비자 단체 소송을 제기할 수 있는 단체에 대해서 사전에 엄격히 정하고 이를 정부 기관에 등록하게 하였기 때문에 그러한 단체가 제기하는 소송의 적절성에 대해 판단하지 않는다.

소비자 단체 소송이 활발하게 운영되기 위해서는 단체 소송을 하는 소비자가 적격인지에 대한 심사 절차를 생략해야 한다. 물론 이러한 절차를 생략하면 각종 소비자 단체에서 소송을 해서 소송이 남발되는 문제점이 있을 수 있다. 그러므로 독일이나 일본처럼 사전에 정부기관에 등록된 소비자 단체에 한해서 소비자 집단소송을 하도록 한다면 소송이 남발하는 문제를 줄일 수 있을 것이다. 그 결과 자격 있는 소비자 단체가 하기 때문에 법원에서 소비자 단체 소송의 적절성을 다시 한번 판단하는 절차도 생략할 수 있을 것이다. 왜냐하면 법원이 소비자 단체 소송을 하는 주체의 적격성과 그들이 제기하는 소송의 적절성을 판단하는 이유는 소비자 단체 소송이 남발될 수 있다는 우려 때문이기에 사전에 자격 있는 단체에서 소비자 단체 소송을 하도록 한다면 이 문제를 최소화해서 불필요한 행정절차를 줄일 수 있을 것이다.

… 집단소송제도 도입의 필요성

소비자 단체 소송은 기업에서 발생한 위법 행위에 대해서 금지 혹은 중지하는 데 그 목적이 있다. 기업에서 발생한 위법행위가 있더라도 이에 대한 피해 구제를 받기 위해서는 피해를 입은 당사자가 개별적으로 해당 기업에게 소송을 해야 한다. 예를 들어 최근 BMW 차량 화재에 대해서 BMW 측이 자신들의 결함을 인정했으나 이에 대한 피해를 구제받는 방법은 두 가지가 있다. 하나는 BMW에서 해당 차량을 구입한 소비자에게 보상을 제시해야 한다. 만약 그 보상이 소비자 입장에서 충분하고 만족스러우면 여기서 문제는 해결된다. 그러나 BMW의 해당 차량을 구매한 소비자 입장에서 보상이 만족스럽지 않으면 피해보상 소송을 제기해야 한다.

 이 경우 피해보상 소송을 통해서 승소한 소비자만이 피해보상 혜택을 받는다. 앞서 언급했듯이 해당 소비자가 승소했을 경우 모든 피해자가 동일한 보상을 받는다면 오히려 소송의 남발을 막을 수 있을 것이다. 피해자가 100명이라면 100명 모두가 동일한 소송을 해서 피해를 보상받는 것보다는 1명 혹은 단지 일부의 피해자가 전체 피해자들 대신해서 소송을 한다면 소송도 효율적이고 피해보상절차도 매우 효율적일 것이다.

 그러나 기업 입장에서는 굳이 소송하지 않는 피해자까지 보상해야 한다는 문제 때문에 집단소송제도 도입을 반기지 않을 것이다. 100명이 동일한 피해를 입었다고 할지라도 개인적인 사정으로 100명 전부

다 소송을 안 할 수도 있을 것이다. 그러므로 굳이 요구하지 않은 나머지에게도 동일한 피해보상을 한다면 기업 입장에서는 부담스럽고 돈이 아까울 것이다.

집단소송제도 도입에 대해 정부에서 논의 중이지만 반대의 목소리가 많다. 전형적인 반대의 이유는 집단소송제로 인해서 기업의 부담이 가중되어서 단 한 번의 잘못으로 기업 입장에서는 크나큰 경제적 손실을 입을 수 있다는 우려이다. 그러나 우리나라는 징벌적 배상제도가 시행되었지만 그 배상의 한도가 3배이기 때문에 충분한 배상이 되기 어렵다. 그리고 배상을 산정하는 기준도 보수적으로 보기 때문에 배상의 기준이 되는 금액도 미국의 경우와 비교하면 비교할 수 없을 정도로 낮다. 그러므로 집단소송제도 도입이 기업의 존폐까지 위협한다는 것은 과장된 주장이다.

극단적으로 기업의 잘못으로 집단소송이 제기되고 이 소송이 승소로 이어져서 해당 기업이 천문학적인 금액을 배상해야 한다고 하자. 이 경우 기업 입장에서만 보았지만 피해를 입은 소비자는 얼마나 큰 피해를 보아야 해당 기업이 천문학적인 배상금으로 망할 지경에 처하겠는가? 아마도 가습기 살균제 피해자들보다 더 광범위하고 심각한 피해를 입어야 가능할 것이다. 우리나라가 진정 선진국으로 진입하기 위해서는 더 이상 '기업하기 좋은 나라'라는 오명을 벗어야 한다. 소비자가 천국인 나라에서 기업을 한다면 그 기업은 진정 경쟁력이 있는 기업인 동시에 국민에게 사랑받는 기업일 것이다. 그러므로 그러한 기업이 글로벌 무대에서 경쟁한다면 외국의 유수한 기업보다 더 경쟁력이 있는 기업이 될 것이다. 이는 결국 소비자, 기업, 정부가 Win-Win 하는 길이다. 소비자의 권리를 희생에서 기업에게 퍼 주는 일은 앞으로는 일어나지 말아야 할 것이다.

PART 3. 소비자 권리 보호 방법

04 시민단체 활동 활성화

사회공동체의 선을 달성하기 위해서 정부가 존재하고, 정부는 그러한 목적을 위해서 많은 활동을 하고 있다. 그러나 현대사회에서 사회의 와치독(Watch Dog) 역할을 정부만 하기에는 우리 사회가 너무 크고 복잡하다. 많은 선진국에서는 정부의 이러한 역할을 보완하거나 혹은 정부를 대신해서 많은 시민단체가 활동하고 있다. 대표적으로 전 세계 환경보호를 위해 그린피스가 세계 곳곳에서 활동하고 있으며 어린이들의 권익 향상을 위해 많은 어린이보호 단체가 활동하고 있다.

우리나라 역시 소비자 보호를 위해 많은 소비자 보호 단체들이 활동하고 있다. 정부가 하는 역할에 대해서 보완이 필요하고 때로는 정부가 하지 않는 활동에 대해서 시민단체에서 발 벗고 나서야 한다.

공정거래위원회 등록 소비자 단체 현황(2015년 기준)

단체명	회원수(명)
한국소비자단체협의회	–
한국여성소비자연합	320,000
소비자교육중앙회	315,690
한국기독교청년회 전국연맹유지재단	120,000
한국YWCA연합회	97,000
한국소비자교육원	85,500
소비자시민모임	55,000
한국소비자연맹	45,720
녹색소비자연대	13,759
소비자공익네트워크	30,000
한국부인회총본부	1,200,000
대한어머니회중앙연합회	23,000
한국여성단체협의회	5,000,000
금융소비자연맹	111,000
경제정의실천시민연합	23,642
금융소비자원	14,500

(출처 : 소비자 단체 소송 활성화 방안연구, 정책연구 17-11, 재인용)

위의 표에서 보듯이 소비자 관련 단체는 많이 있고 그 회원수도 상당히 많다. 그러나 실질적으로 이들이 충분히 소비자 권익을 보호하기에는 그 활동이 아직도 부족하다. 위의 소비자 단체들이 게을러서 혹은 소비자 권익보호 외에 다른 목적 때문에 우리나라 소비자 권익보호가 더딘 것은 아니다. 시민단체들이 왕성하게 활동하기 위해서는 그들이 충분히 활동할 수 있는 재원이 필요하다. 공익목적의 시민단체들은 정부로부터 보조금을 일부 받지만 이 보조금만으로는 그들이 원하는 목표만큼 충분히 활동할 수 없다. 시민단체가 활발하게 활동하고 이 사회의 감시자가 되려면 일반 시민들이 이들에게 후원을 해줘야 한다. 그러한 후원들은 기업에서도 할 수 있지만 기본적으로 이들은 기업의 권리를 약하게 하고 소비자의 권리를 높이기 때문에 기업에서 받는 후원들은 이들의 활동들이 진정 소비자를 위한 활동으로 만들기에는 무리가 있을 수 있다. 그러므로 소비자들은 이들의 활동을 지원하기 위해서 이들에 대한 기부를 활발하게 해야 한다.

⋯ 우리나라의 기부현황

우리나라는 서구 선진국에 비해서 기부에 인색한 편이다. 특히나 부유층의 기부는 일반 서민에 비해서 더 인색하다는 평가를 받고 있다. 영국자선지원 재단(CAF : Charities Aid Foundation)이 발표한 2016년 자료에 따르면 우리나라의 기부순위는 조사대상국 140개국 중에 75위에 그쳤다. 우리나라 사람들이 기부를 하지 않는 이유는 각종 자선 단체들이 시민들의 기부금을 원래의 목적에 잘 사용하지 않는다는 의혹을 많이 받았기 때문이다. 이러한 의혹 혹은 사건들로 인해서 시민들은 자신들이 기부한 돈이 원래의 목적에 부합되게 사용될지에 대한 의문을 갖고 있다. 즉 시민단체의 활동에 대한 신뢰가 낮기 때문에 기부에 인색하다고 볼 수 있다.

다른 이유는 우리나라의 기부금에 대한 세제혜택이 기부가 활발한 국가에 비해서 낮기 때문에 기부가 활성화되지 않는다. 미국의 경우 워런 버핏, 빌 게이츠, 마크 저커버그 등 슈퍼리치들이 앞다투어서 기부에 앞장서고 있다. 2017년 8월 16일 조선일보 기사에 따르면 빌 게이츠는 5조원 상당의 주식을 기부했다고 보도했다. 이들 슈퍼리치들이 자신들의 신념에 따라 기부를 한다 해도 이들이 받는 세제 혜택은 총소득의 최대 50%까지 인정되기 때문에 합법적인 절세의 방법으로 기부가 많이 활용된다. 그러나 우리나라의 세제상 기부금에 대한 세제 혜택은 일부에 대해서는 기부금 전액에 대해서 공제를 하지만 대체로 소득금액의 20% 수준에서 공제를 하기 때문에 기부로 인한 절세효과가 크지 않다.

기부했다 할지라도 자신의 기부금이 어디에 어떻게 쓰였는지 확인하기 어렵기 때문에 기부자 입장에서는 기부를 망설이게 된다. 선진국의 경우 공익법인에 대한 별도의 회계기준이 있고 이들에 대한 외부감사가 철저하게 이루어지고 있다. 그러나 우리나라의 경우 공익법인의 회계 투명성이 담보되지 않기 때문에 많은 잠재 기부자들이 기부하기를 주저하고 있다. 물론 2008년부터 세법이 개정되면서 공익법인에 대한 회계투명성이 제도적으로 완비되었으나 이의 실제적인 시행이 아직 기부자들의 눈높이에는 맞지 않는 것이 현실이다.

··· 기부활성화 방안

서구 선진국처럼 부유층은 물론 일반 시민들의 기부를 활성화하기 위해서는 기부금에 대한 세제 혜택을 지금보다 더 확대해야 한다. 현행 세법상 기부금은 소득공제로 되어 있으나 기부금 전액을 세액공제 형태로 전환하고 그 비율도 높게 정한다면 기부로 인한 절세효과가 더 커서 기부가 활성화될 수 있다. 특히 부유층의 경우 그들 소득의 대부분은 최고세율인 42%에 해당하기 때문에 기부로 인한 세제 혜택이 확대되면 기부를 할 수 있는 동기부여가 될 것이다.

공익법인들의 회계투명성을 확보하여 기부자들이 낸 기부금들이 어떻게 쓰였는지 쉽게 확인할 수 있어야 한다. 지금은 일정 규모 이상의 공익단체들이 외부 회계감사를 받지만 모든 공익단체들이 외부 회계감사를 받고 그들의 기부금 수령내역과 사용내역을 공개한다면 기부를 한 기부자 입장에서도 공익단체에 대한 신뢰가 높아져서 기부가 더 활성화될 것이다.

미국의 경우 기부연금제도라는 것이 있다. 즉 김씨가 10억원을 대학에 기부할 경우 일정 금액을 연금의 형태로 김씨 혹은 김씨가 지정하는 사람에게 지급하는 것이다. 그러므로 기부로 인해서 기부를 받은 공익단체도 혜택을 보지만 기부를 한 기부자 역시 혜택을 보기 때문에 기부를 하는 것이 수월해진다.

정부에서 제도적으로 기부를 활성화하기 위한 방안을 수립해서 기부가 활발하게 될 수 있는 환경을 마련해야 한다. 공익단체가 많다면 정부가 하는 일에 대해서 더 잘 보완하고 혹은 정부가 할 수 없는 일에 대해서도 공익단체에서 할 수 있기 때문에 좀 더 바람직한 사회를 만들 수 있다.

05 성숙한 시민의식

지금보다 더 강하게 소비자 권리를 보호하기 위해서는 사회적 합의가 필요하다. 소비자 권리보호를 지나치게 강하게 할 경우 기업의 경제활동은 위축될 수 있다. 반대로 기업의 권리보호만을 지나치게 많이 할 경우 소비자의 권익은 침해될 수 있다. 그러므로 소비자 권리보호는 기업활동 위축과 소비자 권리라는 줄다리기이며 그 줄다리기의 결과가 기업 쪽으로 가깝게 있는지 소비자 쪽으로 가깝게 있는지는 소비자의 의식수준이 결정하는 부분도 많다.

우리는 소비자로서 소비자의 권리만을 주장할 게 아니라 성숙한 시민의식을 바탕으로 소비해야 한다. 우리나라 기업들이 소비자에게 더 관대한 정책을 하고 싶어도 몇몇 불량고객으로 인해서 우리나라에서는 시행하기 어렵다. 문제는 그 불량고객이 단순히 몇몇이라면 괜찮지만 대다수의 고객들이 불량고객이라면 소비자의 권리를 위해서 기업들이 기꺼이 희생하겠다는 마음이 없어질 수 있다. 여기서는 소비자로서 부끄러운 우리들의 모습에 대해서 소개하고 어떻게 성숙한 소비자가 될 수 있는지 알아보겠다.

··· 양파거지, 연필거지

코스트코(Costco)는 미국의 대표적 회원제 할인점이다. 미국에서 코스트코 회원이 되기 위해서는 매년 약 50달러를 회비로 지급해야 한다. 이러한 회비를 지급한 회원에 한해 마음껏 쇼핑을 할 수 있도록 해 준다. 우리나라에서 운영 중인 코스트코 역시 회비를 받고 회원이 된 소비자만이 쇼핑을 할 수 있다. 코스트코는 많은 양의 물건을 한 묶음으로 포장해서 팔기 때문에 1인 가구가 구입하기에는 너무 많은 양의 물건을 한 번에 사야 하는 불편함이 있지만 4인 가구 정도의 경우 타 할인점보다 저렴하게 물건을 구입할 수 있는 장점이 있어서 국내 소비자들에게 인기 있는 할인점이다.

코스트코에는 핫도그 같은 패스트푸드를 저렴하게 파는 코너가 있다. 필자도 미국 유학 중에는 거의 2주에 한 번씩 코스트코에 가서 쇼핑도 하고 패스트푸드점에서 핫도그를 구입하여 가족들과 맛있게 먹었던 기억이 있다. 핫도그를 구입하면 이를 먹을 수 있는 테이블이 있고 그 테이블 옆으로는 겨자소스, 양파, 케첩 등을 소비자 기호에 따라 덜어 먹을 수 있는 곳이 있다. 일부 이용객은 과도하게 많은 양파를 가져간다. 어떤 이용객은 커다란 통을 가져와서 그곳에다 양파를 담아 간다. 이러한 양심 없는 소비자를 언론에서는 코스트코 양파거지라고 한다. 이러한 소비자들 때문에 선량한 소비자들이 피해를 볼 수 있다. 미국에서 코스트코를 이용하면서 필자도 핫도그에 양파를 넣어서 먹었지만 필요한 만큼만 먹었고 어느 누구도 필요 이상으로 양파를 가져가는 사람을 보지 못했다.

코스트코에서 양파를 담는 고객

2014년 스웨덴의 가구브랜드인 이케아(IKEA)가 한국에 진출한다고 했을 때 우리 사회는 우려 반 기대 반이었다. 이케아의 한국 진출로 많은 국내 가구업계가 타격을 입을 거라는 우려가 있었고 소비자들은 이케아로 인해서 좋은 가구를 저렴하게 구입할 수 있는 기회라는 기대가 있었다.

이케아는 한국의 다른 가구점과 다르게 매장에 가구를 컨셉별로 배치한다. 즉 초등학생용 아이들에 필요한 가구를 사고 싶으면 먼저 초등학생 아이들의 방처럼 꾸며 놓은 매장에 가서 어떤 가구들이 있는지 알아본다. 실제 초등학생들이 사용하는 방처럼 예쁘게 꾸며 놨기 때문에 가구를 구입하는 소비자 입장에서도 자녀들의 방을 어떻게 꾸밀지 아이디어를 얻을 수 있다. 소비자들은 이케아 매장 곳곳에 있는 연필과 메모지를 들고 자신들이 구입하고 싶은 가구의 목록을 적는다. 매장에 전시된 가구들은 가구 고유의 번호와 가격표가 붙어 있어서 소비자들은 자신들이 사고자 하는 가구를 먼저 보고 그 가구의 번호를 적고 계산하기 전에 가구 창고에 들려서 자신들이 메모해 놓은 가구를 찾아서 계산하면 된다.

이 과정에서 이케아 연필을 몇몇 소비자가 과도하게 많이 가져가는 일이 발생했다. 이러한 일이 단지 한두 명의 소비자가 했다면 문제가 되지 않았을 텐데 매장을 방문한 많은 소비자가 필요 이상으로 이케아의 연필을 가져갔다.

이케아 연필모음

위의 사진처럼 일부 고객은 이케아에서 제공하는 연필이 공짜이기 때문에 말도 안 되는 많은 양을 가져가서 이케아에 있는 연필이 금세 동이 났다. 이에 이케아에서는 고객들에게 필요한 양만큼의 연필을 가져가라고 하는 호소까지 하였다. 필자 역시 미국 유학 중에 이케아에서 가구를 사곤 했는데 우리나라 고객들이 한 것처럼 필요 이상으로 연필을 가져가는 고객들을 보지 못했다.

이외에도 과거에는 패스트푸드점에서 제공하는 콜라가 무한리필이었다. 즉 음료대에서 컵이 있는 고객이라면 누구나 자신이 필요한 만큼 몇 번이고 음료를 리필해서 마실 수 있었다. 그러나 몇몇 소비자들이 커다란 물통에 음료를 받아가는 일이 자주 발생하면서 리필할 수 있는 횟수를 제한하고 리필도 직원이 해 주게 바꾸었다. 미국에서 유학하면서 느낀 점은 미국은 콜라 인심이 매우 좋았다는 것이다. 패스트푸드 매장 어디를 가든 콜라나 음료를 주문하면 해당 직원은 빈 컵만 주고 고객이 음료대로 가서 필요한 만큼 마신다. 미국에서도 일부 과다하게 음료를 마시는 고객이 있었지만 물통을 가져와서 음료를 받아가는 것은 필자도 본 적이 없다. 고객들이 기업들에게 제대로 된 대우를 받기 위해서는 기업들이 고객을 우선시하는 자세도 필요하지만 고객들 역시 자신들이 지켜야 할 선을 지켜야 하는 것이 필요하다.

우리나라에서도 미국처럼 무조건적인 환불이 가능하기 위해서는 쉬운 환불제도를 악용하는 소비자가 극소수이어야 가능하다. 모든 소비자들이 쉬운 환불제도를 악용하면 기업들은 재고 부담과 많은 환불비용으로 인해서 쉬운 환불제도를 지속적으로 운영할 수 없을 것이다.

소비자들이 제대로 된 대우를 받기 위해서는 소비자들도 올바른 교육을 받아야 한다. 백화점에서 비싼 물건을 구입했는데 마음에 안 든다고 백화점에서 소란을 피우거나 공짜라고 해서 필요 이상으로 많이 이용하는 것은 단기적으로는 소비자에게 이득이 되는 것처럼 보이지만 장기적으로는 소비자에게 해가 되는 일이다.

코스트코의 양파거지, 이케아의 연필거지가 있는 한 우리는 우리 돈으로 소비하지만 정당한 대우를 받기 어려울 것이다. 소비자 교육은 어릴 때부터 해야 한다. 우리나라 교육제도는 입시에 초점을 맞췄기 때문에 타인과 더불어 사는 교육, 인성 교육이 상대적으로 취약하다. 어릴 때부터 극심한 경쟁환경에 몰려있어서 내가 누군가를 이겨야 한다는 경쟁심리가 많다. 경쟁심리를 자극하는 교육보다는 타인과 더불어 살고 공동체의 일원으로서 다른 사람들과 조화롭게 사는 방법에 대한 교육이 필요하다. 이것은 한 나라의 의식수준과 연결되기 때문에 단기간에 변화되기는 어렵다. 그러나 어릴 적부터 꾸준한 교육과 사회 전체적인 캠페인을 통해서 개선할 수 있을 것이다.

2016년 추운 겨울 우리나라의 촛불시위를 보고 전 세계는 감탄했다. 수십만의 인파가 모인 광화문 광장에 집회가 끝난 후 자발적으로 시민들이 남아서 집회 뒷정리를 하는 장면에 전 세계는 우리나라의 질서의식에 경의를 표했다. 게다가 그렇게 많은 사람들이 집회에 참가했는데 집회 자체가 평화롭게 끝나는 것을 보고 외신들은 놀랐다. 멀게는 2002년 월드컵 때도 100만이 넘는 인파가 거리응원을 했지만 소동 없이 응원이 끝났고 거리 응원이 끝난 장소를 시민들이 자발적으로 청소하는 것을 보고 우리나라의 성숙한 시민의식을 보았다.

2002년 월드컵 당시 거리응원을 하는 시민이나 2016년 겨울에 촛불 집회에 참여한 시민들은 전부 소비자이다. 그 당시의 시민들이 온데간데없이 사라진 것이 아니라 그 사람들이 곧 시민이며 소비자이다. 이처럼 성숙한 시민의식을 발휘해서 우리나라의 의식수준을 높였다. 우리나라 국민은 집회할 때만 높은 시민의식을 보여주는 것이 아니라 소비할 때도 성숙한 소비자로 행동할 수 있을 것이다.

PART 3. 소비자 권리 보호 방법

결어

자동차 급발진, 폭스바겐 배기가스 조작, 의료사고, 가습기 살균제, 개인정보 유출, 과자 과대포장, 비싼 전자제품, 바가지요금 등 대표적인 소비자 피해에 대해서 살펴보았다. 이러한 소비자 피해를 줄이고 다시 발생하지 않도록 하기 위해서 필요한 제도적 장치에 대해서 알아보았다. 징벌적 손해배상, 집단소송제 같은 제도적 장치로 이러한 소비자 피해를 예방하거나 구제할 수 있다. 세부적으로는 소비자 피해가 발생했을 경우 그 피해의 원인에 대해서 입증책임을 소비자가 아닌 기업에게 지우면 좀 더 효과적으로 피해자를 구제하고 기업들이 재발방지를 위해서 더 노력할 수 있게 할 수 있을 것이다.

지금까지 경제성장이라는 하나의 목표를 위해서 온 국민이 앞만 보고 달려왔다. 이제 우리도 양적인 성장뿐만 아니라 질적인 성장에도 관심을 두어야 할 때다. 앞만 보고 달렸지만 이제는 앞, 옆, 뒤도 보면서 가야 할 때다. 소득이 증가하고 국민들의 교육수준이 높아져서 기업들에게 더 많은 것들을 소비자들이 요구하지만 아직 우리나라 기업들은 높아진 소비자들의 눈높이를 충분히 맞추지는 않는 것 같다.

그러나 우리나라의 몇몇 대기업들은 미국, 유럽 등 선진국에 있는 눈 높은 소비자들을 만족시키며 승승장구하고 있다. 대표적으로 삼성전자, LG, 현대차들은 국내뿐만 아니라 까다롭기로 유명한 미국의 소비자들을 만족시키며 글로벌 기업으로 더욱 성장하고 있다. 이들은 미국에서는 소비자 만족을 위해서 최선을 다하고 자신들의 제품을 사용하면서 소비자가 피해를 입었을 경우 적극적으로 그 피해에 대해서 보상하려고 한다. 그러나 이러한 글로벌 기업들이 우리나라에서는 그러한 모습을 보여주지 않는다. 이는 비단 국내 기업뿐만 아니라 우리나라에 진출한 글로벌 기업들도 자국에서는 선량한 기업이지만 우리나라에서는 당장 눈앞의 이익에만 혈안이 되어 있는 모습을 보여 줄 때가 종종 있다.

기본적으로 기업은 영리 추구를 그 주요 목적으로 한다. 기업에서 행하는 많은 사회적 활동들은 기업들에게 이익이 되기 때문에 하는 경우가 비일비재하다. 유한킴벌리는 '우리강산 푸르게'라는 슬로건을 바탕으로 나무심기 운동을 많이 했다. 이를 통해서 자연을 보호한다는 기업가치를 소비자들에게 알렸다. 유한킴벌리가 정말 자연을 보호하고 싶다면 지금 하고 있는 펄프사업을 하지 않으면 된다. 유한킴벌리는 영리를 위해 나무를 베고 이를 통해서 휴지 등을 만들어서 판다. 이러한 사업행위로 소비자들 사이에서 안 좋은 기업이미지가 생길 수 있기 때문에 이를 방지하기 위해서 '우리강산 푸르게'라는 사회적 활동을 한다고 볼 수 있다.

그러므로 우리나라에서 기업들이 착한 기업이 되기 위해서는 기업들이 착하게 될 수밖에 없는 환경을 정부에서 만들어줘야 한다. 가장 확실한 방법은 착한 기업이 되지 않을 경우 그에 대한 손해가 천문학적이라는 것을 보여줘야 한다. 기업에게 가장 뼈아픈 벌은 그들이 벌어들인 돈을 뺏어 가는 것이다. 그러므로 착한 기업이 되기 위해서는 기업에서 제공하는 제품과 서비스에 대해서 기업이 책임을 져야 하고 그 책임을 지지 않을 경우에는 기업이 휘청거릴 정도의 손해배상, 벌금 같은 징벌이 가해져야 한다. 기업이 자발적으로 착한 기업이 될 거라는 기대는 밀림의 맹수가 먹이가 불쌍해서 안 먹을 거라고 기대하는 것과 비슷하다.

선진국의 소비자들처럼 우리나라의 소비자들이 대우받기 위해서는 정부에서는 지금보다 강력한 징벌적 배상제도를 확립하고 집단 소송제도를 도입해야 한다. 우리나라는 자본주의 사회이다. 기업이 가습기 살균제처럼 돈을 더 벌기 위해서 소비자의 안전을 무시한 것 같은 행동에는 돈으로 이를 보상하도록 해야 한다. 더 많은 돈을 벌기 위해서 자동차에 문제가 있는 데도 판매한 것에는 자동차를 판매해서 얻은 이익보다 더 많은 보상을 하도록 하여 불법적인 행위를 근절시켜야 한다.

소비자 피해를 적극적으로 구제하기 위해서는 제조물에 대한 잘못의 입증책임을 소비자가 아니라 기업이 갖도록 하여야 한다. 일반 소비자들은 제조물에 대해서 기업보다 정보 열위에 있고 전문성도 없다. 특히나 의료서비스 같은 고도의 전문지식과 기술이 요구되는 분야에서 소비자들은 문외한이다. 그러므로 소비자 권익 보호를 위해서는 제품을 만들고 서비스를 제공한 기업들이 이에 대한 유해성이 없다고 증명을 하도록 해야 한다. 이로 인해서 기업들은 더 큰 부담이 갈 수 있겠으나 장기적으로 기업에서 제품과 서비스의 품질을 개선시키는 방향으로 결과가 나올 것이다.

소비자들 역시 성숙한 시민으로서 모습을 갖춰서 기업들이 소비자를 위해서 하는 활동들을 악용하지 않아야 한다. 제한 없는 환불제도가 우리나라에서도 시행되기 위해서는 성숙한 시민의식이 있어야 한다. 환불이 무제한이기 때문에 이 제도를 수많은 사람들이 악용할 경우, 이에 대한 비용을 기업은 제품과 서비스에 전가시켜서 결과적으로 소비자들은 더 비싼 값에 제품과 서비스를 구매해야 한다. 성숙한 시민의식을 위해서는 어릴 때부터 공동체의 구성원에 대한 교육이 입시교육보다 우선해서 시행되어야 한다.

결어

참고문헌

- 가습기 살균제를 통해 본 화학물질관리제도의 현황과 문제점에 대한 고찰, 정남순, 환경법과 정책 제 11권, 2013.11.30
- 가습기 살균제 사건과 국가배상 책임, 박태현, 환경법과 정책 제16권, 2016.2.28
- 가습기 살균제 피해지원 제도, 환경부, 2014
- 가습기 살균제 사건, 정부 책임도 수사해야, 조선비즈, 2016.5.3
- 가습기 살균제 피해, 한국에서만 발생했다?, 최예용, 주간경향 1199호,
- 가습기 살균제 기업들 피해보상 어떻게 하고 있나?, MK뉴스, 2017.8.9
- '가습기 살균제'신현우 前 옥시대표, 징역 6년 확정, 법률신문, 2018.1.25
- 가습기살균제 사건 옥시 前 대표에 대한 대법원의 최종 판단은? 법원사람들, 2018.2.8
- [개인정보 유출대란]美는 14만명 정보 털린 회사에 벌금 1000만달러 부과, 동아일보, 2014.1.22
- 개인정보 유출 제재 사례, 보안뉴스, 2014.5.12
- 개인정보 유출에 징벌적 손해배상제 도입⋯손해액의 3배까지 배상, 문금주, 나라경제, 2014.9
- 개인정보 유출 사고 반복되는데⋯처벌은 솜방망이, JTBC, 2016.7.27
- 개인정보 유출 사례 분석 및 시사점 : 판례를 중심으로, 박수황, 장경배, 보안공학연구 논문지, 2016.6.6
- 개인정보 판매 홈플러스, 피해자들에게 8300만원 배상 판결, NEWSIS, 2018.1.18
- 갤럭시S8언락폰 가격, 한국이 미국보다 두 배 비싸, 조선일보, 2017.9.19
- '고객정보 유출' 인터파크 45억 역대 최대 과징금, 연합뉴스, 2016.12.6

- 고객정보 판매 홈플러스 무죄···"소비자는 없고 기업만 있다" The Fact, 2016.8.12
- 공정거래법상 징벌적 손해배상 제도 도입에 대한 비판적 검토, 법과 기업연구 제5권 제2호, 홍대식, 2015.8.20
- 과자류의 과대포장기준 현황과 개선과제, 국회입법조사처, 김경민, 장영주, 2014.10.31
- 국내에서 사면 바보, MBC NEWS, 2014.10.13
- 급발진 사고는 한국에서 왜 모두 운전자 과실인가?, 머니투데이, 2017.1.17
- 기부짓 세계81위, 인색한 대한민국, 김부원, 나라경제, 2011.12
- 기부가 절세의 최대 비법인 나라, 참여연대, 2000.12.1
- 기부활성화를 위한 정책과제, 이상신, 한국경제연구원, 2015.11
- 늘어나는 차량 급발진 추정 사고···법원 판단 민.형사별로 엇갈려, 조선비즈, 2016.5.1
- 다국적기업의 이중 기준, '옥시 비극'불렀다, 한국경제, 2016.5.15
- 다시 불거지는 '급잘진'의 진실···대법원은 어떻게 판결했나?, 법륜N미디어 네이버 블로그, 2017.11.3
- 단속해도 벌금 물면 그만 ···.계속되는 '평상 횡포'MBC NEWS, 2017.7.31
- 대벌관과 일반인의 급발진···현대차의 두가지 대응, 조선비즈, 2016.8.5
- 도요타의 굴욕, 한국경제, 2010.2.8
- 도요타 캠리, 국내서도 급발진 의심사례 발생, 연합뉴스, 2010.2.8
- 도요타 '급발진 소송'미국서 338건 합의···한국은? 연합뉴스, 2015.8.27
- 도요타, 급가속 문제로 1조2000억원 보상 합의, 조선비즈, 2012.12.27
- 두 얼굴의 폭스바겐···한국에선 느긋했던 이유, 노컷뉴스, 2016.9.8
- 디젤게이트에도 폭스바겐이 한국서 웃는 이유, 오마이뉴스, 2016.7.8

- 디젤게이트 무색한 폭스바겐 대박 볼썽사나운 할인판매…소비자 보상 뒷전, MK뉴스, 2015.12.21
- 똑같은 제품, 한국과 미국 가격비교해 보니, 가전품은 미국이 40%까지 싸다, Koreadaily, 2010.5.31

- 명절 연휴 열차에 부정 승차하는 얌체고객 5년새 2배 급증, 충청투데이, 2018.2.14
- 미국 온라인 소매체인, 반품 막기 위해 안간힘, KOTRA, 2013.12.27
- 미국의 징벌적 손해배상 제도에 대하여, 강병진, 법률신문, 2016.5.10
- 미국사례를 통해 본 의료분쟁의 문화적 해결책 모색, 김경희,
- 美, 자선단체 기부 땐 무조건 소득공제율 50^…佛, 기부금 세액공제율 66% 높여…한국의 4배, 조선비즈, 2013.9.2
- 美 시카고대학병원, 10대 환자에 180억 보상키로, 연합뉴스, 2014.311
- 〈바가지 주의보〉'휴가 명소'자릿세의 비밀, 일요시사, 2016.7.25
- 보도자료, 한국소비자원, 2016.12.29
- 부자들이 기부 천사가 된 이유, 한국경제매거진, 2015.4.2

- "삼계탕 7만원" 바가지 악몽…황당한 '휴가 요금' SBS뉴스, 2016.8.6.
- 상품 구매시 교환, 환불 불가.. 정말 환불 안되나?, 아시아경제, 2015.7.1
- 새정치민주연합 국회의원 강동원 보도자료, 2015.9.17
- 소비자 보호를 위한 환불제도의 개선방안, 소비자문제연구회 31호, 윤석, 2007.4
- 소비자 단체소송 활성화 방안 연구, 이승진, 지광석, 황의관, 한국소비자원, 2018.1
- 속인 옥시보다 방치한 정부 책임 더 크다, 미디어오늘, 2016.5.15

참고문헌

- 수술용 바늘 삼킨 환잔 합의금 7억6000만원, MK뉴스, 2016.8.4
- 시장환경 변화에 따른 소비자단체 제도 정비를 위한 소비자기본법 개정방안 연구, 한국소비자단체협의회, 2014.12
- 신차 결함땐 교환, 환불해준다는 '한국형 레몬법'아시나요?, 디지털타임스, 2018.2.6
- 신용카드사의 대규모 개인신용정보 유출이 쟁점과 과제, 김효연, 최지현, 국회입법조사처, 2014.1.29
- 신해철 의료소송에서 드러난 맹점들, 조선일보, 2017.2.23
- 아우디폭스바겐, 국내 소비자에 100만원 보상…총 2700억원 규모, 동아일보, 2016.12.22
- 옥시불매 촉구 기자회견문
- 외국의 징벌적 손해배상 법제 및 사례연구, 한국소비자원, 박희주, 2014.11
- 의료분쟁, 해외에서는 어떻게 해결하고 있을까?, 대학신문, 2012.12.4
- 의료가소 피해구제제도에서의 입증책임 연구, 하신욱, 형사법의 신동향 통권 제56호, 2017.9
- 의료 사고 입증 책임…환자냐? 의사냐?, 일요진단, 2014.11.23
- 의료소송 막으려면 충분한 진료시간 확보, 관련 판례등 미리 숙지해야, 유지원, 메디케이트 뉴스, 2018.5.9
- 의료사고, 대학병원이 보상받기 가장 힘들다, 동아일보, 2015.9.4
- 의료분쟁 상담 사례집, 한국의료분쟁조정중재원, 2013.5
- 유통 할인업계 얌체고객'비상'교차로 저널, 2013.7.29
- 이마트도 보험사에 고객정보 판매…66억원 챙겨, 2014.10.12
- '이케아 연필 거지'1년후…이번엔 '마트 거지'논란, 국민일보, 2016.5.26
- 자릿세만 수십만 원 '계곡 바가지 요금'JTBC, 2016.7.12

- 자동차 급발진 논란 재점화…블랙박스 영상 공개에 현대차 당황, MK뉴스, 2012.5.14.
- 자동차 교환,환불제도의 입법화 필요성에 관한 소고, 법과 기업 연구 제5권 제3호, 오길영, 2015.12.20
- 자동차 산업의 SW안전 이슈와 해결과제, 진회승, 박태현, SPRI소프트웨어정책연구소,2017.2.24
- 징벌적 손해배상제도②국내 도입에 문제 없나, NEWSIS,2017.10.16
- 징벌적 손해배상제도와 집단소송제도, 경제스터디, 2017.7.23
- 집단소송제 도입 땐…영향과 파장, 전자신문, 2018.1.8
- 집단소송제와 징벌적 손해배상 제도, 이동우, 참여연대, 2017.10.1
- 집단소송제 도입 : 반대, 매일노동뉴스, 2000.10.31
- 최근 5년간 개인정보 5000만개 이상 유출…정부 사후 관리 전혀 안돼, 조선비즈, 2017.10.2
- 차량급발진 손 놓고 있는 대한민국 정부, 미국은?, 부경신문, 2016.8.5
- 코스트코 양파거지 이어'이케아 연필거지'논란, NEWSIS, 2015.2.9.
- 판례로 본 법률상담-의료사고에서의 입증책임, 중앙일보, 2011.7.7
- 판결의 온도 故 신해철 의료사고 소환…알면 알수록 의사가 甲, 서울경제, 2018.6.23
- 퍼리치의'기부 경제학'한국경제매거진, 2015.4.9
- 폭스바겐 조작사건 궁금증 풀어보기, 환경부,
- 폭스바겐, 미국선 1인당 1만달러 보상…한국은 0원, 경향비즈, 2016.6.28
- 폭스바겐, 미국 5조원 벌금…한국은 어떻게 하나, 뉴스토마토, 2017.1.11
- 폭스바겐 미국선 5조원,국내선 141억원 벌금내고 리콜 개시, 서울경제, 2017.1.12

- 폭스바겐 배기사수 조작사태의 원인과 향후 대응방안, 유범석, 한신대학교.2016.11.12
- 폭스바겐, 독서 디젤 벌금 10억 유로 내야, 오토타임스, 2018.6.14.
- 피해자 3000명인데 옥시벌금 1억5천, 말이 됩니까, 미디어오늘, 2016.6.23
- 한국 가습기 살균제의 비극−법적 분석, Krishnendu Mukherjee, 환경법과 정책 제 16권, 2016.2.28
- 한국 기부금'GDP 1% 문턱'7년째 못 넘는 이유, 한국일보, 2015.4.29.
- 한국은 휴대폰 '호갱'…17개국 단말기 가격 한눈에, 뉴스Y, 2018.5.2.
- 한국의 집단소송제, 법무법인 한누리, 2014.10
- 해외직구 이용실태 및 개선방안, 한국소비자원, 2014.6
- 현대차 SUV싼타페, 또 급발진 '시끌 시끌'MK뉴스, 2017.2.20
- 현대차, 5년간 급발진 사고 1위…전체 44% 차지, 경향비즈, 2015.8.12.
- 환불, 어디까지 받아봤니?, next economy, 2017.10.31.흰옷은 반품 안 돼요?…환불과 반품 둘러싼 진실 혹은 거짓, SBS뉴스, 2017.11.12.

똑똑한
소비자 되기

초판 1쇄   2019년 01월 22일

지은이   김경진
발행인   김재홍
디자인   이슬기
교정·교열   김진섭
마케팅   이연실

발행처   도서출판 지식공감
등록번호   제396-2012-000018호
주소   경기도 고양시 일산동구 건달산로225번길 112
전화   02-3141-2700
팩스   02-322-3089
홈페이지   www.bookdaum.com
이메일   bookon@daum.net

가격   14,000원
ISBN   979-11-5622-428-0 03320

CIP제어번호   CIP2019000760
이 도서의 국립중앙도서관 출판예정도서목록(CIP)은 서지정보유통지원시스템 홈페이지(http://seoji.nl.go.kr)와 국가자료공동목록시스템(http://www.nl.go.kr/kolisnet)에서 이용하실 수 있습니다.